Père Arthur

La Péniche du bon Dieu

PRESSES
DE LA
RENAISSANCE

Ouvrage réalisé
sous la direction éditoriale d'Alain NOËL
avec la collaboration de Pascale MARSON-ZYTO

Si vous souhaitez être tenu(e)
au courant de nos publications,
envoyez vos nom et adresse, en citant ce livre,
aux Éditions des Presses de la Renaissance
11, rue de Grenelle, 75007 Paris.
Et pour le Canada, à
Interforum Canada Inc.,
1055, bd René-Lévesque Est,
11e étage, bureau 1100,
H2L 4S5, Montréal, Québec.

Consultez notre site Internet :
www.presses-renaissance.com

ISBN 978-2-7509-0329-9

Ce livre, je le dois à des amis qui m'ont aidé à le penser, à l'écrire.

Merci à toi, Pascale, et à ton époux Alain.

Ce livre est à l'image de son auteur. Pardonnez-moi d'avoir osé l'écrire.

Mon seul désir : donner à d'autres l'idée que leur vie, qui leur semble banale, a de l'importance pour Dieu.

Ma joie : ce livre devait avoir pour titre Intérimaire de Dieu. *L'éditeur a choisi* La Péniche du bon Dieu. *C'est beaucoup mieux. Merci, Alain Noël.*

1

Dieu ne ménage pas ses amis

« Prêtre ? Mais tu n'y penses pas ! C'est un métier de feignant ! » À 12 ans, je ne compris pas cette réaction de ma chère maman lorsque je lui annonçai ma vocation. Aujourd'hui, après trente-sept années de prêtrise, sur ce bateau-église, à Conflans Sainte-Honorine, où je sers Dieu et les pauvres depuis dix-sept ans, sur ce bateau où ma mère est décédée il y a quatre ans, sur ce bateau que je dois quitter laissant derrière moi, malgré moi, tous ces hommes, toutes ces femmes, ces enfants fauchés par un présent qui ne veut pas d'eux, ces mis à l'index de la société... je relis mon passé. Encore un échec ? Non, mes proches amis me le disent, c'est une autre mission qui commence, un nouveau tournant que

Jésus donne à ma vie. J'ai accepté de devenir son disciple il y a bien longtemps, et je Lui ai accordé ma confiance à jamais. Pourquoi ne pas continuer avec Lui une autre aventure ? Quand, pour les besoins de ce livre, je regarde mon passé, je pense à tous ces êtres que j'ai côtoyés, aimés, frôlés, certains en vie, d'autres disparus. Ils sont les pierres qui m'ont aidé à traverser le gué, à m'affermir dans la tâche que Dieu m'a confiée pour Sa gloire.

Je n'étais pas programmé pour devenir prêtre. À l'époque entraient au séminaire les jeunes gens de bon milieu, qui avaient grandi dans la foi catholique et dont les parents avaient les moyens de payer la pension trimestrielle, d'un coût non négligeable. Rien de cela ne me ressemblait.

Je suis né en 1938, dans cette partie de la Bretagne étrangère, pour ne pas dire réfractaire, à la foi chrétienne. Certes, j'ai été baptisé tout enfant, mais j'ai grandi loin de Jésus, dans une famille pauvre et éclatée qui n'appelait pas Dieu en aide, mais qui surmontait bravement les difficultés, dans le respect des valeurs humaines, sans spiritualité. Chacun luttait pour subsister, ma mère à la ferme en Bretagne, avec les enfants, mon père prisonnier en Allemagne pendant la guerre, puis tout seul à Paris après leur séparation. Des honnêtes gens, qui ne laissaient pas entrer Dieu dans leur vie de labeur. Ils ne connaissaient pas la force de la prière. Ils vivaient simplement, comme tout le monde.

J'ai été, sans le vouloir et sans le savoir, une des causes de la séparation de mes parents. Leur mariage, arrangé par un oncle, était fragile dès le début. La guerre n'a rien arrangé : ma mère, maman célibataire, avait apporté une charmante petite fille en dot, ma grande sœur, à son mari de quinze ans son aîné. Les sentiments qu'ils avaient éprouvés l'un pour l'autre et la naissance de leurs deux enfants, mon frère cadet et moi, ne leur suffirent pas pour surmonter leurs différences. Et mon père, bouleversé par mon accident – à dix-huit mois je perdis une jambe coupée par une faucheuse, tandis qu'il était prisonnier en

Allemagne –, en voulut à ma mère. Il ne lui pardonna jamais ce qu'il imputait à une négligence de sa part. Il le lui reprocha. Si j'étais trop petit pour mettre des mots sur ce qui leur arrivait, si je n'ai pas assisté à leurs conflits parce que mon infirmité les a obligés à me confier à ma grand-mère qui habitait non loin de l'école, je sais la déchirure de la séparation. Encore tout récemment, de jeunes infirmières m'affirmaient que les enfants ne souffrent pas de la séparation de leurs parents. Je les ai surprises en leur soutenant le contraire : j'ai traversé cette expérience, comme bien d'autres que Dieu a placés sur mon chemin. Nous avons tous mis des années à tenter de surmonter cette douleur tenace. À cette époque, on jetait sur les familles désunies un regard réprobateur car le divorce n'était pas encore considéré comme un acte banal. Nous, les enfants, nous avons survécu plutôt que vécu notre enfance.

Ma mère gardait pudiquement le secret de son passé. Ma sœur a recherché son père biologique pendant des années. Je l'ai soutenue dans sa démarche. Elle avait un vide à combler. Même si elle a toujours aimé tendrement mon père, qui lui prodiguait autant d'affection qu'à mon frère et moi, sans marquer la moindre différence, elle vivait avec l'ombre du sien dans le cœur. Dans le miroir des idéaux, les traits de papa se superposaient à ceux de son père biologique. Et tout l'amour de l'un ne comblait pas le manque de l'autre. Lorsqu'elle retrouva la trace de son père, par l'intermédiaire d'un oncle et d'un prêtre qui le connaissaient, il était mort depuis un mois. Pour toute consolation, elle eut la joie d'apprendre que son père avait éprouvé une vive émotion à l'idée de la voir et de la prendre dans ses bras.

Une famille disloquée, une infirmité qui me mettait à l'écart des autres car je dus partir de la maison maternelle pour m'installer chez un oncle et une tante, à Paris. Ils partagèrent généreusement leur minuscule studio sans toilettes, dans le 9e arrondissement, et m'inscrivirent à l'école primaire, non loin de chez eux.

Une famille éclatée et un premier déracinement : comment aurais-je pu imaginer quitter ma Bretagne natale, la vie rurale sans confort, sans eau courante ni électricité, pour la « ville lumière » où mes yeux naïfs s'étonnaient devant l'eau qui coulait dans un évier, les portes qui s'ouvraient toutes seules si l'on appuyait sur un bouton ?

Ma mère vint nous rejoindre plus tard, avec mon frère et ma sœur. La société n'aidait pas les mamans seules. La mienne trouva un emploi de « bonne à tout faire » chez une modiste. Elle vivait au sixième étage dans une chambre de bonne fournie par ses patrons. Elle dut, à contrecœur, nous placer à l'orphelinat, ma sœur avec les filles, mon frère et moi avec les garçons, pour nous assurer le vivre et le couvert pendant qu'elle travaillait dur.

J'avais environ 6 ans quand j'entrai à l'orphelinat tenu par des franciscaines. C'était un deuxième déracinement car j'étais séparé désormais de mes proches. Mais c'est aussi là que je découvris la pratique religieuse, quand les sœurs nous invitaient à la prière et à la messe quand je les regardais, intrigué, soulever le voile, qui leur masquait le visage afin de recevoir le corps du Christ, quand je fis là, tout naturellement, ma profession de foi et ma confirmation. Dans cette institution, je côtoyai pour la première fois des enfants en grande souffrance. Il ne me reste pas de souvenirs précis de ces années-là. Tous les visages, tous les prénoms se sont évaporés, à part André, un ami fidèle, qui vient à la péniche tous les ans me donner des nouvelles des religieuses, maintenant très âgées, qui vivent dans l'Aveyron, et avec lesquelles il conserve encore des contacts. Seules restent dans ma mémoire une impression générale, une atmosphère de chagrin rentré et des émotions fortes.

Avec le recul, je pense que Dieu a mis sur ma route des épreuves pour m'aider à comprendre les autres. Je ne prétends pas que le malheur soit un passage obligé pour développer l'intelligence du cœur. Mais, lorsque l'on a traversé soi-même des expériences douloureuses, il semble que l'on soit plus tolérant, plus réceptif aux souffrances des autres. Malmené par la vie, je pouvais tendre la main à ceux qui en avaient besoin, sans qu'ils n'aient rien demandé, sans rien leur demander, uniquement en les devinant... Je ne suis pas doué pour les grandes phrases, pour les homélies bien léchées. Je raconte la vie, avec ses joies et ses peines. J'essaie de sourire, d'accueillir les malades, les personnes âgées, les enfants, comme le faisait Jésus, comme le ferait Jésus.

Mes camarades de l'orphelinat n'avaient jamais de visite. Ils ne connaissaient pas leurs parents. Ils étaient là, comme au rebut. Mon frère, ma sœur et moi avions la chance que les noms de « papa » et « maman » soient accompagnés d'un visage. Certes, nous les voyions séparément, mais nous recevions d'eux l'amour qui donne la force de devenir des grandes personnes. Mon père avait rejoint les Bretons de Paris qui, comme lui, « cherchaient fortune » dans la capitale. Pour subsister, il fabriquait des hélices d'avion chez Ratier. Nous lui rendions visite régulièrement dans sa chambre d'hôtel. Notre père nous aimait profondément, voilà tout, et quand nous étions avec lui, nous nous sentions accueillis. Nous étions heureux du repas qu'il nous préparait. Cela peut paraître un peu niais aujourd'hui, mais ces bonheurs simples, cette certitude d'être aimé fortifient pour toujours et permettent, le moment venu, de rendre à son tour la chaleur que l'on a reçue. C'est cela le bien le plus précieux. Jésus n'a pas offert d'objets somptueux à ceux qu'Il a rencontrés, mais Il a aimé… C'est riches de ce cadeau sur lequel, notamment, s'est construite leur foi que les apôtres ont pu diffuser le message du Seigneur. Dieu est un roc, mais un roc d'amour. Lorsque je vois des parents qui se désespèrent à l'idée de ne pas offrir à leurs enfants une belle maison, des vacances au soleil, un ordinateur… et tout ce qu'ils pensent que « les jeunes sont en droit de recevoir », je leur rétorque que les enfants ont naturellement besoin d'une vie décente, mais ils ont surtout besoin d'avoir auprès d'eux des parents vivants, c'est-à-dire qui savent pour quoi ils vivent : Dieu est à l'œuvre dans chacune de nos existences.

Il n'y a pas d'événements inutiles, aussi pénibles soient-ils ; il n'y a pas de situation qui ne puisse se retourner en chance, en occasion de « grandir ».

Chaque année, jusqu'à mon quinzième anniversaire, je dus subir une intervention chirurgicale qui consistait à couper l'os du moignon souffrant. Une hospitalisation de un mois et des rencontres avec d'autres enfants seuls. Comme je revenais régulièrement, l'équipe hospitalière me connaissait. Les infirmières me donnaient toujours un lit à une extrémité du dortoir. Elles plaçaient à côté de moi les enfants les plus démunis, les plus abandonnés, parce qu'elles avaient remarqué que j'aimais m'en occuper. Très jeune, je me suis intéressé à eux en leur transmettant les rudiments de la lecture et de l'écriture.

Je remercie Dieu de toutes les épreuves que j'ai traversées ; je remercie Dieu de m'avoir ouvert les yeux sur la misère humaine dès mon enfance : j'ai pu reconnaître la grâce qui m'était donnée de recevoir, à l'hôpital, la visite quotidienne de ma mère ; j'ai pu prendre la mesure de ce que représente manger à sa faim dans les institutions très modestes où je grandissais. Les épreuves nous aident à mieux apprécier la vie dans tout ce qu'elle a de plus beau, de plus réel.

L'été, mon frère, ma sœur et moi retournions en Bretagne pour retrouver les oncles, les tantes, les cousines et les cousins. Quelle joie d'être près d'eux, même s'il fallait parfois travailler dans les champs ! Lorsque nous restions à Paris, à Noël ou à Pâques, pour améliorer l'ordinaire, j'allais éplucher les pommes de terre qui servaient à faire les frites, à la foire à la ferraille dans le 11e arrondissement. Assis sur les sacs de patates, j'en pelais des kilos et des kilos jusqu'à ce que j'aie gagné mon repas du midi, un cornet de frites surmonté d'une saucisse. Là, je découvris l'école de la rue. Je regardais avec attention les passants, les clients, les promeneurs qui allaient et venaient sans but précis : je m'instruisais avec les yeux, les oreilles, le nez… Les ambiances, les sonorités, les odeurs constituaient un terreau fertile en expériences… Tout ce que j'appris alors au travers de mes observations, de mes sensations, me servit plus tard, lorsque je m'occupai des jeunes de la rue.

Dieu plaça sur mon itinéraire des témoins de la foi. Je devais avoir environ 7 ou 8 ans, à la fête du Pardon, en Bretagne, quand je fis cette étrange rencontre. Comme je me reposais devant les manèges qui tournaient sur une musique entraînante réglée au volume maximal, un homme vêtu de blanc s'avança vers moi. Je ne le connaissais pas. J'appris plus tard qu'il s'agissait d'un missionnaire. Il m'observa un instant puis me demanda : « Veux-tu être prêtre ? » Je refusai parce que je ne comprenais pas ce qu'il me voulait. Je ne connaissais pas encore de prêtre. Ce monde m'était étranger car on côtoyait surtout les sœurs qui occupaient des fonctions de proximité comme l'éducation des enfants ou qui exerçaient le métier d'infirmière. Ce n'est que plus tard que je réalisai que le « non » pouvait devenir un « oui », comme dans l'Évangile de Matthieu (21, 28-32). Dans ce passage, deux fils sont invités par leur père à travailler la vigne. L'un accepte, mais, en réalité, ne le fait pas ; l'autre refuse, mais, pris de remords, obéit. Moi aussi, j'ai été pris de remords, comme ce fils, et j'ai demandé à mes parents de me faire entrer au séminaire. Mais ma vocation, on le verra plus tard, ne provient pas d'un sentiment de culpabilité.

Pour ma mère, ce n'était pas de cette façon que j'aurais une « bonne situation ». Mon père, quant à lui, se montra plus réceptif à mon désir de me consacrer à Dieu. Il ne parla pas beaucoup, il avait tant de choses à dire en si peu de temps ! À travers son silence, je compris qu'il était fier de mon projet. Plus pragmatique, mon oncle calma ma mère en lui expliquant que, de cette manière, j'allais au moins décrocher un diplôme et que, plus tard, j'aurais la possibilité de décider moi-même de poursuivre ou non dans la voie religieuse.

Mon entrée au séminaire n'était pas gagnée d'avance : enfant de divorcés, infirme, ma vocation revêtait toute l'apparence d'un « placement », avec le sentiment que « là, au moins, il aurait de quoi vivre ». Après plusieurs tentatives vaines, après avoir essuyé plusieurs refus, notamment à Conflans – Jésus ne manque pas d'humour –, dans l'est de Paris, j'ai été pris à l'Alumnat, petit séminaire pour les jeunes sans ressources se préparant à entrer au grand séminaire pour devenir prêtres s'ils le souhaitaient. Depuis, je n'ai jamais quitté cette famille d'assomptionnistes qui m'a accueilli. J'ai entendu la question posée par Jésus dans l'Évangile : « Veux-tu me suivre ? », et après avoir répondu « non » une première fois, j'ai prononcé un « oui » définitif.

Je franchis les portes du petit séminaire le cœur gonflé d'espoir. Moi qui avais toujours été la risée de mes camarades de classe à cause de mon pilon, j'allais enfin connaître une pause, être accepté tel que j'étais dans ce milieu où les êtres s'unissent dans la foi en Jésus-Christ. Mais je devais vite déchanter : les jeunes sont partout les mêmes, les adolescents, naturellement moqueurs, n'acceptent dans leur groupe que ceux auxquels ils peuvent s'identifier. Comment vouloir ressembler à un infirme qui ne pouvait ni courir ni jouer comme eux, qui marchait avec une jambe de bois terminée par un bout de caoutchouc ? Ma première prothèse – je devais avoir 15 ans – me libéra d'un grand poids ; désormais, j'avais deux chaussures comme tout le monde et le regard des autres ne me renvoyait plus en miroir mon infirmité, personne ne se retournait plus sur moi dans la rue, pour mieux voir cet être bizarre qui passait.

Mon infirmité me permit de développer d'autres qualités que j'aurais peut-être laissées en jachère. Pour compenser mon handicap, je devins avide de connaissances. Ne pouvant lancer aux autres de défis sur des performances physiques, je me jetai sur le travail scolaire. J'obtins d'excellents résultats dans toutes les disciplines. Comme les mathématiques et les sciences avaient déjà le vent en poupe à cette époque, j'avais une prédilection pour ces disciplines ; valorisées intellectuellement et socialement, elles offraient des débouchés. Pour une fois, j'appartenais à la catégorie des « privilégiés ». Dans ces années d'après-guerre, les études étaient réservées à une élite dont les jeunes gens qui rentraient au séminaire faisaient partie.

Dieu m'a fait signe dès mon âge le plus tendre. Lorsque je parlai de mon accident à un ami médecin, il m'expliqua que, dans de telles circonstances – en pleine campagne, éloigné d'un centre hospitalier, entouré de personnes qui ignoraient les gestes de premiers secours… –, j'aurais dû mourir. Toutes les conditions étaient réunies pour que je me vide de mon sang en très peu de temps. Seul un miracle pouvait me sauver. C'est, dit-il, le doigt de Dieu qui s'est posé, d'un côté sur mon moignon, de l'autre sur ma plaie béante, pour retenir la vie qui s'écoulait à flots, en cette belle journée d'été.

La Bretagne avec tous les villages où, à tour de rôle, mes oncles et mes tantes m'hébergeaient, Paris, l'orphelinat, l'hôpital, le petit séminaire… Mon enfance tourmentée me permet de comprendre les jeunes qui, eux aussi, ont été bringuebalés chez leur père, leur mère, dans des institutions, dans la rue… J'éprouve pour eux une affection particulière. Mais il n'est pas toujours facile de les rejoindre, d'entrer dans leur bulle.

L'autre jour, j'ai croisé quatre adolescents. Je les ai connus tout enfants. Pourtant, je ne savais pas comment les aborder, trouver les mots qui leur feraient du bien, à eux qui « traînent » sur les quais de Conflans. Il n'est guère possible, aujourd'hui, de demander à quelqu'un de s'arrêter un instant et de lui dire : « J'aimerais parler avec toi. » On se côtoie, on s'effleure, on se bouscule, mais on ne se rencontre pas… et tant de solitudes…

Dans cette société difficile à vivre où s'entrechoquent les individualismes, dans ce mode de vie matérialiste où se perdent les repères fondamentaux, nous avons tendance, du fond de nos ténèbres, à nous croire abandonnés. Il est urgent que les jeunes sachent que l'Esprit habite au fond d'eux, comme en témoigne le bref échange suivant que j'ai eu récemment avec Patrick.

Il y a quelques semaines de cela, pendant la messe, mon regard croisa celui d'un garçon de 14 ans tout au plus. Naturellement, je l'interrogeai : « Qu'est-ce que tu ressens au fond de ton cœur ? » Il me répondit spontanément : « Une chaleur quand je prie. »

Je voudrais que tous les jeunes misent, comme Patrick, sur la certitude que Dieu est déjà à l'œuvre dans le monde, qu'il n'y a pas à désespérer puisque Son Esprit nous précède.

Ludovic a 12 ans. Son témoignage est extraordinairement porteur d'espoir. Chaque jour, il parcourt plusieurs kilomètres à pied pour venir à la messe, sur la péniche *Je sers* où je suis prêtre depuis dix-sept ans. Issu d'une famille dite « recomposée », avec des frères et des sœurs de pères différents, où règne la violence, Ludovic trouve la paix dans l'église. Sitôt qu'il voit le crucifix ou une représentation de la Vierge Marie, il tombe comme en extase. Il passe des heures à nettoyer une statue, à la regarder, à s'agenouiller devant elle. Il parle à Dieu. Il est vraiment ravi. La Lumière peut briller de tous ses feux même quand tout semble s'y opposer : Dieu choisit Ludovic. Hier, pendant la retraite de la profession de foi, je lui demandai à quel métier il pensait pour plus tard. Il me répondit sans hésitation : « Je veux devenir prêtre. » Ludovic sait à peine lire et écrire, mais il sait déjà contempler le Seigneur, aimer les autres, venir au-devant de ceux qu'il sent en difficulté.

À 12 ans, j'entrai au petit séminaire. Mais Dieu m'avait « fait des propositions » bien plus tôt, alors que je n'étais pas encore en âge de comprendre.

J'étais à l'école primaire quand, pendant les vacances scolaires, je retournais en Bretagne pour les travaux des champs. Chaque dimanche, j'allais à la messe. Et si personne ne pouvait m'y accompagner, je parcourais des kilomètres avec mon pilon pour me rendre à l'église. Je ne comprenais pas ce qui s'y passait, mais j'éprouvais un sentiment indéfinissable, un bien-être comme nulle part ailleurs. L'office se déroulait en latin. Une sorte de mystère m'enveloppait et je m'en imprégnais tout entier.

Depuis l'âge de 9 ans, j'assistais à la messe tous les jours. Il me fallait, pour cela, développer des trésors d'ingéniosité car, ne restant pas plus de quinze jours chez mes oncles et tantes, je changeais fréquemment de village. À chaque fois je devais trouver dans quelle église la messe était célébrée. Pour ne pas manquer l'office, comme je ne possédais pas de montre, je me rendais très tôt à l'église où je restais parfois toute la matinée à l'attendre. J'ignorais à quelle heure il commençait et quand il se terminait. J'étais là et cela me suffisait. Je ne savais pas mettre de mots sur ce qui m'arrivait, mais j'aimais passer du temps dans les lieux où Dieu était, où Il me précédait. Je n'étais pas très doué pour la prière, mais je sentais là comme un contact bienfaisant.

Dieu ne ménage pas ses amis

Dieu est maître de tout. Il mène toute chose avec une subtile beauté. Tout a un sens : les pierres que le Seigneur a bien voulu me confier dès mon enfance m'ont servi à affronter les réalités d'aujourd'hui avec plus de résistance. Dans l'église, quand j'étais petit, chaque jour je trouvais une unité que les aléas familiaux ne m'avaient pas permis de connaître. Dieu est la cohérence. C'est pour en témoigner que j'écris ces lignes, et que je vais livrer, dans les limites de la pudeur, du respect et de la discrétion, des tranches de vie d'êtres que je ne vois plus, ou qui sont devenus des amis, des événements restés en suspens aussi, des situations réussies.

2

Mais que veux-Tu, Seigneur ?

Partir, toujours partir… Pour où ? Commencer, recommencer… Mais quoi ?

Seigneur, je T'aime, Tu es ma seule certitude. Je suis là, devant Toi, je T'ai offert ma vie et je n'ai toujours eu qu'une idée, qu'un but : Te servir. Qu'elle est lourde, la question que tout chrétien se pose : « Que veux-Tu, Seigneur ? » Alors, de tâtonnements en expériences, les unes réussies, les autres manquées, nous cherchons la voie que Tu veux nous confier. Nous nous engageons dans une direction, une entreprise, une action même insignifiante, car l'œuvre de Dieu s'accomplit grâce aux grandes tâches, mais aussi aux petites. Il n'y a pas d'instrument inutile dans l'orchestre de l'humanité pour que résonne majestueusement la symphonie, et le modeste triangle tient une place aussi importante que le piano ou le chœur des violons quand il parachève la mélodie de sa note cristalline.

Dans la recherche de notre propre trajectoire, Seigneur, nous prenons quelquefois trop d'initiatives, nous essayons d'apporter une réponse, des réponses… Nous prêtons l'oreille, nous ouvrons tout grands les yeux, le cœur pour tenter de percevoir Tes signes, sans toujours bien nous rendre compte que notre volonté toute tendue risque de nous aveugler. Nous croyons parfois avoir trouvé, et pourtant…

J'ai été l'un de ces jeunes gens tumultueux, bouillonnants d'impatience, un enthousiaste de la foi et, oserais-je le dire ? un combattant tourné vers l'action. Mais j'ai traversé également de vrais moments d'abandon, de prières, de ferveur, où je me livrais tout entier à l'Esprit.

Lorsque, après le premier bac, j'ai participé à une retraite avec tous les jeunes du petit séminaire lors de laquelle nous devions prendre la grande décision de notre vie – préparer ou non le sacerdoce –, ma vocation, déjà bien vivante dès mes 12 ans, n'avait pas chancelé. Nous étions une vingtaine ce jour-là à nous prononcer et nous devions également choisir l'ordre auquel nous souhaitions appartenir. Les Jésuites ou les Dominicains m'attiraient plus que tout autre ordre grâce au sérieux de leur formation intellectuelle et spirituelle. Un à un, chacun de nous exprima, à haute voix, sa décision. Nous n'étions pas interrogés par ordre alphabétique. J'ai été le dernier à parler. Quand vint mon tour, je m'entendis avec étonnement déclarer : « Je rentre à l'Assomption. » Je savais ce que je devais aux Assomptionnistes et ce jour-là, j'en suis certain, c'est un sentiment de reconnaissance qui me poussa à m'exprimer ainsi. Sur les vingt-cinq jeunes gens présents, deux choisirent l'Assomption.

Jamais les vacances d'été ne m'avaient paru aussi pesantes que celles qui suivirent cette retraite. Au lieu de me réjouir, comme tous les nouveaux bacheliers, de la fin des cours et des examens, j'appréhendais l'opposition familiale, alors que je venais de prendre la décision la plus importante, celle-là même qui allait vraiment donner un sens à ma vie, celle-là même qui allégeait mon âme.

À chaque période libre, je rejoignais ma mère pour tenir avec elle l'épicerie qu'elle avait réussi à acquérir à force de courage. La pauvre femme s'était remariée avec un homme gentil, mais qui buvait, et presque toute la charge de travail reposait sur ses épaules. Et voilà que son fils, sur lequel elle comptait, lui annonçait son départ pour la fin du mois d'août. Elle ne voyait qu'une chose : Dieu lui enlevait son garçon. Il déchirait son cœur de mère. Elle ne comprenait pas que notre séparation n'était pas une rupture, qu'elle ne m'empêcherait pas de l'aimer, que les sentiments les plus purs surmontent l'épreuve de la distance. Elle se croyait abandonnée.

Début septembre 1955, à 17 ans, j'arrivai à Pont-l'Abbé-d'Arnoult, non loin de Saintes, en Charente-Maritime. Ils étaient longs, les offices à la chapelle, les temps de méditation à genoux. Elles étaient longues aussi, les études silencieuses. Heureusement, le travail des champs nous apprenait à regarder la nature créée par ce Dieu que nous voulions servir. Je continuais, de loin, à porter les soucis familiaux car j'étais très préoccupé par l'avenir de mon frère et celui de ma sœur, et j'étais mortifié d'avoir quitté ma mère alors qu'elle refusait de me voir partir. Je n'aurais pas voulu agir contre sa volonté si douloureusement exprimée. Souvent les êtres blessés par la vie réagissent avec vigueur pour dissimuler leur tristesse.

Le matin du jour de la cérémonie de la prise d'habit religieux, les vingt-cinq jeunes qui, comme moi, entraient dans la vie consacrée étaient entourés de leur famille. Moi, j'étais seul : je n'avais pas osé informer ma mère. À ma grande surprise, en me retournant vers toutes les familles rassemblées au fond de la chapelle, j'ai croisé ses yeux. Un ami l'avait prévenue. Elle avait laissé son épicerie pour arriver là, épuisée par la fatigue et l'émotion.

En me voyant, au loin, elle se mit à pleurer. Après la cérémonie, toutes les familles se réjouirent. Ma mère resta à l'écart, seule, en larmes. Elle refusa de partager le repas de fête et elle rentra chez elle toute triste et pensive.

Une année plus tard, après la prononciation de vœux, je partis avec les autres frères pour Lyon, afin d'y préparer la deuxième partie du baccalauréat. Comme la majorité des séminaristes de cette époque, j'ai suivi la filière littéraire et philosophique. Mais je sentais que cela ne me correspondait pas. Une idée tenace me travaillait : m'orienter vers la physique et les mathématiques, ces deux disciplines ouvertes sur le progrès et tant prisées à l'époque.

Mes supérieurs ont accepté ma réorientation. Titulaire d'un bac philo, j'ai préparé un bac maths. L'année suivante, je suis entré à la faculté catholique de Lyon, en licence de physique. Je l'ai obtenue en trois ans. Ma joie était grande. J'aurais voulu continuer à la faculté catholique ma formation philosophique tout en restant en contact avec mes amis apprentis scientifiques. Mais mes supérieurs, inquiets de me voir grenouiller dans les amphis, me demandèrent de quitter Lyon pour reprendre des cours de philosophie près d'Agen. Ils voulaient que j'étudie sérieusement et paisiblement loin de la grande ville. Un père, professeur de philosophie, se rendit compte de mon désarroi. Il me donna des livres sur la logique et l'axiomatique, plus en harmonie avec ma formation. J'ai bien essayé de les lire. Piètre résultat. Ce père, attentif, avait deviné que j'avais besoin d'ouverture. Il me proposa alors d'aller enseigner la physique et la chimie dans un collège. J'acceptai aussitôt.

Mais j'attendais avec impatience de retourner à Lyon pour commencer la théologie qui me permettrait de parler… de Toi, Seigneur.

Là, je retrouvai avec bonheur des étudiants que je connaissais déjà et qui poursuivaient leur formation. Ils m'encouragèrent à étudier la Bible et la théologie en utilisant les outils rigoureux des sciences exactes. Ainsi, je pourrais parler de Toi, Seigneur, d'une façon nouvelle qui convenait aux jeunes que je côtoyais dans les aumôneries de lycée. Je leur montrais que l'on pouvait être attiré par les sciences tout en ayant la foi en Dieu : « Peu de science éloigne de Dieu. Beaucoup de science en rapproche. »

Les sciences exactes m'ont donné une meilleure approche des soucis des personnes qui venaient dans la communauté où je vivais pour se reposer et trouver la paix. Les réponses purement intellectuelles ne les satisfaisaient pas. Il leur fallait du concret, des solutions précises. Les malmenés de la vie cherchent un toit, de l'argent pour subvenir à leurs besoins, un métier intéressant, une famille solide, des loisirs utiles, un horizon de lumière. J'essayais de leur apporter un soutien en m'appuyant sur ma formation scientifique qui aidait à trouver des réponses simples : en physique un résultat final, exprimé par une formule de trois lignes, est forcément faux. La solution doit être concise et précise. De même, dans la vie, il vaut mieux proposer une solution concrète, humble, plutôt que de longues considérations qui découragent et font baisser les bras.

Souvent, les questions que nous nous posons sont embrouillées au départ, elles ont besoin d'être reformulées, regardées en pleine lumière. Comme le scientifique examine, analyse, réfléchit, expérimente jusqu'au moment où il saisit le point nodal du problème, dans les situations humaines il convient d'observer, de réfléchir, de comprendre ce qui est véritablement en jeu avant de décider d'une ligne de conduite précise qui aboutit à la paix. N'est-ce pas le désir de Jésus, dans Sa rencontre avec la samaritaine à la vie désordonnée, avec Lévi comptant et recomptant ses soucis, avec le paralytique fatigué d'attendre depuis trente-sept ans ?

Avec Jésus, j'ai passé du temps à prier, à étudier, à parler de situations difficiles, de personnes rencontrées à Lyon dans les amphis, les trolleys, les rues, les magasins…

Je ne me suis pas ennuyé. Voici ce que Jésus m'a fait comprendre : Il voulait que je vive en plein cœur du monde, non pas comme un saint, pur de tout contact humain, mais comme un homme qui ose des mots, des actes, des gestes grâce à la présence purifiante de Dieu.

Si j'ai rencontré des déshérités, je ne l'ai pas fait comme assistant social que je ne suis pas, mais comme un disciple de Jésus qui m'a dit personnellement, par la bouche des gens qui m'ont demandé du soutien : « J'ai faim. J'ai soif. J'étais seul. J'étais en prison. Tu es venu me voir pour m'aider. » Ces rencontres, je les Lui dois. C'est Lui qui a mis sur mon chemin des hommes, des femmes, des enfants, des heureux et des malheureux.

Consterné par l'énorme carence d'amour qui frappe nos contemporains, j'essaie de rassembler, dans la paix, le peuple de Dieu sans distinction de classe, d'origine ou de religion, de leur prodiguer l'amour d'une mère ou d'un père terrestre. Ils me livrent leurs souffrances et je les prends dans mes bras, c'est à peu près tout ce que je sais faire. Ils retrouvent, dans ce geste simple, le réconfort, une marque de la tendresse originelle qui manque à tant de personnes. Tous ceux à qui l'on n'a pas dit, à leur arrivée au monde : « Bienvenue sur terre, bienvenue dans notre famille », aimeraient recevoir, quand ils frappent à une porte, accueil et protection.

Mes aventures humaines commencèrent dès les débuts de ma vie religieuse. J'étais bouleversé en pensant à tous les êtres qui ne connaissaient pas encore l'Évangile, la vraie vie. Je me dis que, peut-être, en prison, je pourrais les rencontrer. J'eus donc tout naturellement l'idée de passer la veillée du 31 décembre avec les prisonniers de la maison d'arrêt d'Agen. Naïvement, avec Alex, un autre frère, nous sommes allés voir le juge d'instruction pour lui proposer nos services. Il nous a regardés avec surprise. L'évangélisation ne figurait pas parmi ses priorités – pas plus que l'idée d'une présence chaleureuse et bienveillante auprès des prisonniers. Et sa question – « Pour qui vous prenez-vous ? » – ne fut ni plus ni moins qu'un refus catégorique. Impossible d'insister. Nous regagnâmes tout penauds notre communauté.

Quelle ne fut pas notre surprise quand le greffier du juge téléphona. On venait de trouver un jeune dans le train, il s'était fait la belle. « Il faut que quelqu'un le ramène à la prison de Belle-Île en mer, on a pensé à vous. » Était-ce vraiment un hasard ? Je ne le crois pas.

À califourchon sur une Vespa, je pétaradai vers la prison d'Agen, le cœur en ébullition. On était loin de la veillée tranquille et bon enfant que nous avions imaginée, et l'inquiétude commençait sérieusement à me tenailler.

La porte de la cellule de Jean s'ouvrit sur un garçon de 15 ans. Il se tenait sur la défensive et me lança un regard d'animal traqué. Jean vivait depuis longtemps dans la brutalité. Ma main tendue vers lui pour le saluer l'étonna beaucoup. Tout le monde sait, dans un coin de son inconscient, qu'il s'agit d'un geste de paix, destiné à établir des rapports de confiance. Or Jean n'avait pas croisé, depuis longtemps, de regard autre que celui du soupçon. On ne lui avait pas adressé non plus d'autres mots que des ordres, des interdictions. On ne lui avait jamais fait confiance. J'ai osé lui sourire et me présenter : « N'aie pas peur. Je porte un habit religieux et je me prépare à devenir prêtre. »

À la sortie de la prison, il était libre, sans menottes. Malgré cela, il avait l'impression que tout le monde savait d'où il venait. Je lui expliquai que le regard des autres n'est pas toujours celui que l'on croit. Bien souvent, sans le vouloir, on le déforme en projetant sa propre représentation de soi-même. Il n'y avait rien d'autre à lire, dans les yeux de Jean, que la désolation et le défi. D'emblée, je jouai avec lui la carte de la vérité. Je lui avouai aussi que, s'il tentait de s'échapper, je ne pourrais pas le rattraper parce que je portais une prothèse de la jambe. Je le laissais aller et venir dans le train, descendre sur le quai à toutes les stations comme le voulait la coutume au temps des omnibus. Jean testa ma capacité de résistance pendant tout le voyage. Il remontait dans le train à la dernière minute, il disparaissait du wagon…

Chaque arrêt représentait un nouveau pari ; à chaque fois, après les premiers grincements des roues marquant le démarrage du train, il se postait devant moi, un peu frondeur : « Je suis toujours là ! »

Trente minutes séparaient l'heure d'arrivée du train à Quiberon de celle du départ pour Belle-Île. Jean me demanda la permission de faire un tour pendant ce laps de temps. Comme il n'avait pas de montre, je lui prêtai la mienne. Lorsque le bateau accosta, tout le monde monta à bord. Pas de Jean à l'horizon. Je me sentis tout bête sur le quai et, cette fois, fort inquiet, tout en prenant des airs dégagés avec le paquet de copies sous le bras que je venais de terminer de corriger pour m'occuper l'esprit et me donner une contenance. Au moment où le bateau s'apprêtait à lever l'ancre, une voix derrière moi me fit sursauter : « Je vous ai fait peur ? » Penaud, je dus bien admettre que oui. J'embarquai avec Jean. Pendant le voyage, il me demanda : « Pourquoi vous ai-je suivi ? » En guise de réponse, je me contentai de lui sourire.

Deux gardiens nous attendaient à Belle-Île. Je passai la veillée du 31 décembre comme je l'avais souhaité, avec une vingtaine de jeunes. Nous regardâmes un film : *Douze hommes en colère*. Peu à peu, les bavardages se tarirent et le silence gagna le groupe. Les images qui défilaient sur l'écran renvoyaient aux jeunes, de près ou de loin, leur propre histoire. Pour toute hospitalité, on m'offrit une cellule afin que j'y dorme quelques heures, en attendant le départ du premier bateau. C'était ma première nuit en prison, ma première rencontre avec les jeunes détenus. Il y en eut bien d'autres par la suite, car je fus, pendant plusieurs années aumônier de prison.

Jean n'oublia jamais cette aventure. Sans doute cet épisode très bref de son existence l'aida-t-il à rebondir ; on lui avait fait confiance, et il n'avait pas trahi. Il me le rapporta lui-même quand, après une émission de télévision où j'avais été invité à témoigner de mon expérience d'Église, il me téléphona. Il voulait me remercier parce que, me disait-il, je l'avais considéré comme un homme, une créature de

Dieu, et non pas comme un fautif ou un malfaiteur ; parce que je ne l'avais pas questionné sur les motifs de sa peine ; parce que je n'avais pas posé sur lui un regard social, mais celui d'un prêtre qui se doit d'aimer son prochain comme il est. Jean, aujourd'hui, sait pourquoi il est resté avec moi pendant son transfert d'Agen à Belle-Île. Depuis, il s'est marié et il a créé son entreprise. En raccrochant, je me remémorai la confiance que Dieu accorde aux hommes, comme il nous demande de le faire les uns envers les autres. J'ai appris de Jean que j'avais eu raison d'avoir confiance et, depuis, je n'ai jamais su changer d'attitude. Merci à toi, Jean.

L'été suivant, j'ai demandé à vivre une autre expérience. C'était l'époque des prêtres-ouvriers. Je voulais voir si le Seigneur m'attendait au milieu des dockers. Je m'installai à La Rochelle. Grâce à ma corpulence et à ma force apparente, on m'embaucha comme manœuvre.

Mes collègues et moi devions vider les cales où les bateaux attendaient d'être sondés et réparés. Notre travail consistait à remplir des sacs de cinquante kilos avec le sable employé pour nettoyer la coque et à les remonter sur le quai, en les maintenant en équilibre sur l'épaule. C'était une tâche pénible pour moi qui n'avais qu'une seule jambe. Toutefois, je m'en acquittais comme je pouvais et, pendant un certain temps, personne ne s'aperçut de rien. Comme, par instants, je vacillais sous le poids de la charge, cela attira l'attention de quelques gars. Je dévoilai mon handicap tout en leur faisant promettre de ne rien dire au patron : je ne tenais pas à perdre ma place. Ils me répondirent : « Tu resteras dans la cale pour remplir les sacs, tu les mettras sur notre dos, nous nous chargerons de les remonter et tu garderas ton emploi. » Mais autre chose les intriguait : « Tu es spécial… Nous, quand on voit une fille, on se retourne sur elle, on essaie de toucher ses fesses… pas toi… Tu n'es pas curé, par hasard ? » Ils m'avaient démasqué. J'en étais heureux. J'ai pu parler de Toi, Seigneur. J'ai vécu, avec eux, un très beau moment de solidarité. Merci, Seigneur.

J'ai eu aussi la chance de voir qu'en dehors de la France, Dieu apparaissait. J'ai pensé aller en Amérique latine pour y voir Dieu à l'œuvre. En attendant de m'y rendre, j'ai organisé des camps d'été à l'étranger pour les jeunes qui n'avaient pas la chance de partir en vacances. Le premier se passa en Espagne. Nous partions avec les moyens du bord, une Vespa, quelques vélos et une maigre bourse pour assurer le minimum quotidien. Je venais tout juste d'obtenir le passeport collectif, quelques jours avant le départ, quand Louis se greffa à notre groupe. Il était trop tard pour mettre les papiers à jour. Mais je ne trouvai pas la force de lui refuser de venir avec nous.

À la frontière, dans les Pyrénées, le douanier ne mit pas longtemps à s'apercevoir qu'il manquait un nom sur le passeport. J'usai de ma fonction : puisque j'étais religieux, il pouvait me faire confiance. L'homme ne voulut rien savoir et j'entamai avec lui une vaine argumentation. Soudain, on l'appela. Il nous abandonna à notre triste sort, nos bagages à nos pieds, les bras ballants. Si Louis ne passait pas, nous retournerions tous chez nous. Adieu les vacances.

Tandis que je cherchais déjà des paroles consolatrices, mon regard se fixa sur un gamin, assis à une table de travail, les yeux noyés d'ennui. C'était le fils du douanier. Il avait un cahier de devoirs de vacances grand ouvert devant lui et il séchait sur un problème de mathématiques. Je pris un stylo, une feuille de brouillon et j'improvisai une explication grâce à laquelle le petit, tout fier de lui, trouva la solution. Cette scène, dans sa simplicité, émut le père qui revenait à son poste. Le douanier me rendit mon passeport en me faisant signe de passer. En une fraction de seconde, tout le monde prit sa valise, son sac, et dévala la pente de la montagne espagnole à toute allure de peur que l'homme ne changeât d'avis. J'entraînai les jeunes dans une course folle tant j'étais heureux pour eux de ce dénouement. Mais l'un d'eux ne parvint pas à nous suivre dans notre précipitation. Sa disparition calma notre enthousiasme et, après une nuit de recherche, nous le récupérâmes affamé. Joie de retrouver la brebis perdue ! Merci, Jésus, pour ton clin d'œil.

Au retour de cette aventure, j'étais épuisé. Le supérieur de ma communauté, ayant eu vent de nos difficultés, me pria de quitter la maison d'études de philosophie, de retourner à Lyon et de me « tenir sage ». J'ai essayé de vivre « normalement »… Mais un prêtre lyonnais, qui connaissait mon goût de l'aventure, m'invita à prendre la responsabilité d'un camp en Yougoslavie. Le supérieur de ma nouvelle communauté accepta et je partis avec une cinquantaine de jeunes près de Sarajevo, à Konjic (le nom est encore gravé dans ma mémoire). Opération survie ! Heureusement que Tu étais là, Seigneur, à veiller sur nous.

Notre périple à Sarajevo, en voiture à travers la montagne, demandait de la témérité. La Yougoslavie communiste, du temps de Tito, n'était pas vraiment hospitalière. Comme le pays manquait de nourriture, il fallait acheter la viande au kilogramme. Mais, contrairement aux habitudes des pays riches, on ne choisissait pas son morceau. Dans le paquet de viande, emballé avec du papier journal, on en avait pour son argent, mais on pouvait aussi avoir la surprise de trouver des lambeaux de chair, de tête, de pattes, de tripes... On les préparait avec quelques légumes, ce qui donnait un plat curieux, baignant dans une sauce d'une couleur sombre indéfinissable, sur laquelle flottaient des auréoles de gras s'étalant en surface. Le tout exhalait une odeur pas toujours très appétissante ; mais cinquante garçons à nourrir, cela ne permettait pas d'envisager, dans les conditions périlleuses de l'époque, une cuisine digne des grands maîtres de la gastronomie.

Un jour, deux jeunes ramenèrent au camp une biche blessée. Je tentai en vain de la soigner. La pauvre bête eut la bonne idée de mourir. Je n'avais presque plus d'argent... Je tenais le couteau à la main, prêt à la découpe, quand la police surgit... Mes derniers billets servirent à payer l'amende !

Comme mes voyages étaient truffés d'histoires rocambolesques et que chaque fois j'en revenais les poches complètement vidées, mes supérieurs stoppèrent mes élans migrateurs. Dès lors, je resterais en France. Je reprendrais plus tard mes études et perfectionnerais mes connaissances en physique. Mon beau projet se réalisa, mais en pointillés.

Les quatre années d'études de théologie terminées, le sacerdoce m'a été proposé : nous étions en 1968. Cela bougeait partout, sauf en moi. Car Tu étais là. Ordonné prêtre en mars 1968, j'étais disponible en juin pour aller où Tu voudrais. Au début, on me demanda de partir enseigner la physique dans un collège de Perpignan. Mais au dernier moment, je me retrouvai propulsé dans le Nord comme aumônier de lycée. L'établissement comptait environ deux mille jeunes. Je partageais cette tâche avec un autre prêtre. Toutefois, comme nos façons d'appréhender notre mission divergeaient, je ne restai là que trois années.

Mais que veux-Tu, Seigneur ?

Environ mille jeunes fréquentaient l'aumônerie. Je passais le plus clair de mon temps libre avec les élèves des classes que l'on nommait alors « de transition » et qui regroupaient des adolescents en difficulté scolaire, mais très attachants. Ils cherchaient ailleurs que dans les bulletins trimestriels des moyens de se faire remarquer. Souvent, maladroitement, ils accumulaient les bêtises et entraient dans l'engrenage des sanctions alors qu'ils ne demandaient qu'à être compris et aimés pour eux-mêmes. Quant aux élèves de terminale, novices en philosophie, ils lançaient souvent le vieux débat sur l'opposition entre la science et la religion. J'essayais de leur démontrer qu'un scientifique peut être croyant et que la science est une chance pour la foi. J'entamais des recherches sur l'infiniment petit : souvent Dieu est présenté comme quelqu'un d'infiniment grand, je voulais démontrer qu'Il était aussi infiniment petit puisqu'Il s'immisce en chacun de nous, dans chacune de nos vies. N'est-ce pas, Seigneur Jésus, Toi qui as trouvé un petit coin de terre pour T'y établir et une maman si humble mais tellement magnifique ?

À 33 ans, je repris le chemin de l'université pour préparer une maîtrise de physique nucléaire. Je ne savais plus rien. Ce fut un échec cuisant. Ton Église, Seigneur, n'attendait pas de moi que je m'illustre dans les sciences, elle me demandait d'être Ton prêtre, avec raison.

Elle m'envoya à Cachan, banlieue au sud de Paris, dans une aumônerie très éprouvée par la fièvre de Mai 68.

Le Seigneur le sait : il ne faut pas se risquer seul dans l'aventure de l'Évangile. Il a mis sur mon chemin des êtres d'exception : Pierre, jeune ingénieur des Mines, Jean-Paul, sorti des Arts et Métiers, Patrice, frais émoulu d'une école de journalisme. Notre désir profond : annoncer l'Évangile de Jésus dans ce monde scientifique et technique que représentait le Centre national de l'enseignement technique. Ne sachant comment nous y prendre, nous avons d'abord aménagé, dans la cave, une petite chapelle que nous appelions le « trou », en souvenir d'un voyage à l'abbaye de Boquen. Là, nous passions beaucoup de temps dans le silence, le chant des psaumes et la célébration de la messe.

Pour m'occuper, je rédigeai les premières pages d'un ouvrage consacré à l'infiniment petit. Que c'était laborieux ! Un jour j'entendis des voix qui venaient de l'extérieur. Des jeunes, s'apercevant que le lieu était de nouveau habité, criaient : « Qui es-tu ? On peut entrer ? On aimerait passer un moment avec toi ! Un curé, c'est bizarre… »

Finis les feuilles griffonnées, les livres et les projets de bouquin fumeux ! Commençait la longue série de visites, de jour comme de nuit, des jeunes de Cachan. Je passais de nombreuses heures à les écouter. Ils m'amenaient dans les caves, leur domaine, de l'autre côté de la frontière que représente la nationale 20, séparant le Val-de-Marne des Hauts-de-Seine.

Très souvent, les personnes échangeaient des idées, et de leurs propos surgissaient des solutions. Toute une population bigarrée, des pauvres, des jeunes des cités, des diplômés, des illettrés, des futurs agrégés, des biologistes, des désœuvrés, des chômeurs, des responsables d'entreprise, se rencontraient. Ils s'enrichissaient les uns les autres de leurs différences. Je les laissais s'exprimer, me retranchant derrière leurs échanges, parlant peu. Les gens ont avant tout besoin d'être écoutés et l'erreur est de croire qu'ils viennent pour écouter. Le rôle du prêtre consiste à donner la parole et non à la prendre. À la messe, mes homélies restent volontairement très courtes. Je pense qu'un langage dépouillé, succinct, va droit au but et suffit amplement pour donner les clés qui servent à comprendre l'Évangile et à la faire retentir dans la vie. Chaque personne le reçoit différemment. Elle peut réagir et donner son point de vue. C'est la naissance de l'Église de Jésus, lieu du partage et de la prière. La Lumière divine brille aussi grâce aux mille veilleuses qui illuminent la vie des croyants et de ceux qui passent, tout surpris de ce partage merveilleux.

Un matin, six jeunes entrèrent dans ma chambre : « On s'ennuie, on vient te parler. » Assis sur le lit, par terre, ils fumaient cigarette sur cigarette. On sonna à la porte. C'était l'évêque de Créteil. Nous devions sa visite à une plainte déposée par les voisins sous prétexte que leurs maisons perdaient de la valeur à cause des défilés permanents des jeunes dans la rue. L'évêque s'assit sur une chaise et jeta un regard circulaire sur les jeunes qui demandèrent, avant que je n'aie eu le temps de dire quoi que ce soit : « Qui c'est ce mec ? Est-ce qu'il a de la thune ? » Un dialogue s'instaura entre l'évêque et les adolescents qui le pressaient de questions sur son rôle, le lieu où il vivait, ses occupations… À midi, l'évêque nous quitta. Avant de partir, il s'arrêta un instant sur le pas de la porte, planta ses yeux dans les miens et déclara : « Je n'ai rien vu ici de contraire à l'Évangile. »

Un jour l'un des jeunes, qui venait à la communauté, a été arrêté pour meurtre et emprisonné à la maison d'arrêt de Fresnes.

Poussé par ses amis, je suis allé le voir et j'ai découvert des gosses de 12 à 15 ans coincés par leur destin. Il n'y avait pas de prêtre. Tout en restant aumônier des étudiants, je suis donc allé régulièrement à la prison de Fresnes, dans le quartier des mineurs où j'organisais, pour les prisonniers, des matchs de foot avec les normaliens volontaires. Un jour, le jeune que je connaissais me demanda de lui apporter un « joint ». Surpris, je lui répondis que j'avais besoin de lui pour « re-joindre » les autres et créer un lien non pas de rêve, mais de vie. Il me regarda et, dans ses yeux, je vis qu'il avait compris. Il devint un vrai témoin de l'Évangile.

J'avais tenté de découvrir ma voie avec les mathématiques, les sciences, la philosophie… Je me retrouvais dans les caves et les prisons. L'infiniment petit, que je cherchais naïvement dans les sciences, je l'avais devant moi avec ces jeunes si petits devant le destin qui les dépassait. Que choisir ? Réfléchir intellectuellement dans mon bureau ou m'engager plus loin dans la pâte humaine ? Pendant huit ans, ça a gambergé dans ma tête. Comme la communauté avait beaucoup grandi et que des prêtres plus jeunes étaient là, j'ai demandé à aller au Brésil, au plus profond de la misère. Mon supérieur, un peu surpris, m'a proposé d'ouvrir plutôt une nouvelle communauté pour y accueillir des jeunes désireux de consacrer leur vie au Seigneur et à son Évangile. Me voilà donc nommé « éveilleur de vocation », fonction que je n'ai pas osé refuser parce que je savais que l'Église de Jésus allait manquer cruellement de prêtres, de consacrés. Mais comment m'y prendre ? Et puis, étais-je vraiment la bonne personne après toutes mes aventures plus ou moins réussies ?

Paris, Agen, Lyon, l'Espagne, la Yougoslavie, Perpignan, Lille, Cachan… Que dois-je comprendre, Seigneur, de tout ce périple, de toutes ces hésitations ? Au secours, Seigneur ! Tout se brouille en moi ! J'avais besoin d'une pause pour calmer cette tornade folle que je ne maîtrisais plus.

En partie en train, en partie en stop, je me réfugiai à la Grande Trappe. Un mois avec les moines me donnerait l'occasion de rompre avec l'activisme dans lequel je m'épuisais et j'avais l'impression de me perdre. Un mois à me recueillir, à me rendre aux offices de jour et de nuit me permettrait sans doute de prendre du recul, de me désaltérer à la Source et de découvrir Sa Volonté.

Je me livrai au Seigneur pendant les heures entières consacrées à la prière avec les moines, avec l'espoir qu'Il m'éclairerait.

Un matin, un homme que je ne connaissais pas s'agenouilla comme moi aux pieds de Jésus, dans la grande église des moines. Sa ferveur m'impressionna. Poussé par je ne sais quel sentiment, je voulus échanger quelques mots avec lui. Je le croisais quotidiennement, mais comment le rencontrer ? En essuyant la vaisselle, je me risquai à lui demander son nom. L'homme me rabroua d'un « Est-ce que ça vous regarde ? » qui rendait vaine toute nouvelle tentative de communication. Je m'éloignai alors, tout penaud. Pourtant, sa retraite prenant fin, il vint vers moi pour me parler. Il s'agissait de l'un des plus grands biologistes de notre époque, auteur d'ouvrages qui font autorité. Il passait le plus clair de son temps dans son laboratoire, à écrire des traités fort savants et à préparer des conférences données dans le monde entier. Il croyait tenir les rênes de son existence parce qu'il se consacrait exclusivement à son travail. « Tu vis comme un con ! » lui déclara un jour son fils de 16 ans. Cette remarque brutale ébranla toute la forteresse de certitudes qu'il s'était construite au fil des années. Il se rendit compte qu'il avait rompu les fils ténus qui unissent les hommes à Dieu et il ajouta : « Je viens de passer une semaine à les retisser. » Chez les trappistes, grâce au silence de la prière, il avait ravivé la flamme intérieure, celle qui ne s'éteint jamais. Il me quitta en me demandant de n'en rien dire aux moines.

À son départ, j'ai retrouvé un moment le calme que je cherchais. Mais déjà, les coups de fil pleuvaient à la Grande Trappe à propos d'un adolescent qu'on me demandait d'accueillir. Je finis par l'inviter à l'abbaye. Il passait une partie de la nuit debout, à marcher dans les couloirs en petite tenue, parce qu'il souffrait de somnambulisme. Un autre arriva qui venait tout juste de découvrir le Seigneur. Il « dévorait » les Évangiles. Mais il prenait tout ce qu'il lisait à la lettre, si bien que, lorsque Jésus dit (Marc 9, 47) : « Si ton œil entraîne ta chute, arrache-le » (pour signifier que nombreux sont les pièges risquant de nous éloigner de la vie éternelle et qu'il vaut mieux entrer borgne dans le Royaume des cieux qu'avec ses deux yeux dans la géhenne), le jeune homme avait sorti l'un de ses yeux de son orbite. Les chirurgiens réparèrent, sans laisser de séquelles, les dommages causés par ce geste irraisonné. Néanmoins, le jeune arriva très choqué : je l'écoutai et j'essayai de lui redonner confiance en lui. Involontairement, j'avais « repris du service » et les moines me congédièrent gentiment. À mon retour, fin juillet, à Cachan, les jeunes avaient tout détruit : je me retrouvai sans savoir où aller. Mais Toi, Tu savais que je pouvais me confier à la Vierge, Ta mère. J'ai reçu d'elle d'innombrables grâces.

Je partis pour Lourdes, où Marie m'ouvrit des issues, grâce à des rencontres surprenantes. J'appris là-bas qu'une communauté religieuse, des sœurs du Saint-Esprit, acceptait de mettre à ma disposition une maison dans le 15e arrondissement de Paris. J'aurais ainsi, à mon retour, un toit sur la tête. Je rencontrai également deux jeunes qui voulaient bien tenter l'aventure communautaire avec moi.

À peine installé dans le 15e arrondissement, j'acceptai de remplacer à mi-temps l'aumônier de la prison de la Santé qui venait de décéder, au quartier bas, réservé aux prisonniers politiques, aux prostitués et aux détenus particulièrement surveillés (DPS).

La société prévoit la sanction, c'est normal et assez facile à mettre en œuvre. Mais quand la porte de la maison d'arrêt se referme derrière ceux qui en sortent, c'est plus compliqué : que deviennent-ils ? Qu'allaient devenir, une fois dehors, tous ceux que j'avais visités ?

Ils vinrent sonner à la communauté : j'achetai une, puis deux caravanes pour les accueillir. Les sœurs me firent comprendre, au bout de deux ans, qu'il me fallait partir… Mes supérieurs ne savaient plus que faire de moi qui ne tenais pas en place.

Ils trouvèrent une habitation à Cachan, avenue Carnot, quelle chance ! C'était une ancienne maison pour personnes âgées, spacieuse. Ils me confièrent la fondation d'une nouvelle communauté. Je promis de me consacrer uniquement à cette mission.

Je traversais là une période un peu moins tumultueuse. Comme d'habitude, je commençai par aménager un lieu pour la prière : le garage était tout indiqué. Au centre, un petit autel posé sur un tronc d'arbre, sur le mur côté rue une icône de Marie. Cette chapelle existe encore. De jeunes assomptionnistes viennent toujours y célébrer les offices et se recueillir. Leur porte, comme autrefois, demeure ouverte pour permettre aux gens de venir prier. Ainsi se multiplient les chapelles. Dieu attend celles et ceux à qui Il veut parler seul à seul.

La nouvelle de mon retour à Cachan se répandit comme une traînée de poudre dans les cités avoisinantes. Les jeunes recommencèrent à m'assiéger. Ils venaient là parce qu'il faut bien être quelque part. Ils parlaient de tout, de rien, de leurs difficultés à trouver du travail, des résultats du foot, de leur solitude, de ce monde qui, décidément, ne les comprend pas, de leurs rêves, d'événements poignants, comme l'histoire de Kiki dont la sœur s'était jetée par la fenêtre, du troisième étage... Kiki est resté un ami. Quand il me téléphone, je le reconnais immédiatement à cause de cette plaisanterie qui le caractérise quand il s'écrie en riant : « Allô, Dieu ? »

Un jour, je reçus l'ordre de l'administration pénitentiaire de cesser mes fonctions. Quelle tuile ! La directrice me dit que je serais plus utile dehors. Je ne restai pas longtemps oisif : le père André Talvas me proposa de m'occuper des jeunes garçons qui se prostituaient. J'en avais rencontré à la Santé, mais je n'avais reçu aucune formation sur la façon d'engager le dialogue avec ces garçons et je me sentais fort maladroit. Il fallait pourtant bien que je me jette à l'eau.

La première nuit, je circulai en voiture pour observer ces garçons qui arpentaient le trottoir, attendant le client. Je m'approchai de l'un d'eux et baissai ma vitre. Le jeune s'avança vers moi. D'emblée, il m'annonça les tarifs, alors que je n'avais pas eu le temps de dire quoi que ce soit. Décontenancé, je lui répondis : « Je suis prêtre. » N'imaginant pas que l'on puisse s'intéresser à lui pour autre chose que la relation sexuelle, il m'affirma : « Ce n'est pas grave, ça m'est égal. » Pour lui, un prêtre est un homme avec ses faiblesses. Il a raison. Mais le prêtre, avec la prière, est capable de vivre chaste. Il l'a compris en venant passer quelques moments à la communauté.

Traînant le boulet du trottoir, de la drogue, de l'alcool, de la maladie… et parfois de tout à la fois, certains noyaient une grande détresse dans la séduction, la provocation… l'amour ou la haine de leur corps.

Comment allais-je pouvoir concilier cet engagement risqué et ma vie de religieux accueillant des jeunes se préparant au sacerdoce ? Je naviguais sur deux rives entre lesquelles s'écoulent les cascades de tous les possibles. Mais, pour que les jeunes prêtres ne « subissent pas de mauvaises influences », je dus cesser tout contact avec les prostitués.

Toutes ces fausses routes, ces projets avortés aiguisèrent ma plume et je me jetai de nouveau dans la rédaction d'un ouvrage, selon mon état d'esprit du moment, *Les Galères de Dieu*, qui n'excéda pas dix pages. L'impression que Jésus n'était jamais content de moi, qu'Il n'approuvait pas mes entreprises s'ancrait dans mon cœur, car aucune d'elles ne durait longtemps. Je n'ai pourtant jamais désespéré ni pris la fuite. Je vivais dans l'action de grâce, certain que Jésus faisait de moi mystérieusement Son instrument, mettant dans ma bouche un mot de réconfort, sur mon visage un sourire, dans mon regard une lumière. Merci, Seigneur, sans Toi j'aurais coulé.

C'est encore à Lourdes que je suis allé demander un signe. Un prêtre merveilleux, compagnon de l'abbé Pierre, m'y proposa de devenir aumônier des bateliers, à Conflans-Sainte-Honorine, pour le remplacer. Pour tout logement, une cabine m'attendait, avec pêle-mêle un lit, un minuscule lavabo, un réfrigérateur et une cuisinière qui avaient déjà rendu beaucoup de services. Un froid humide engourdissait l'atmosphère de cette pièce. J'étais trop pauvre pour entamer de grands travaux de rénovation, mais j'avais des mains et des bras capables de nettoyer. Et puis les bateliers m'ont aidé !

J'étais décidé, cette fois, à me consacrer pleinement et exclusivement à mon aumônerie. Mais, peu à peu, les prisonniers et les prostitués vinrent chercher refuge sur le bateau. Il fallut s'organiser : une table, des chaises, de la vaisselle qu'on lavait dans le lavabo, la préparation des repas et la distribution des tâches. Le Seigneur était là. Il veillait et nous protégeait, heureux de voir la messe célébrée chaque jour, les psaumes chantés, les pauvres accueillis en son nom. Tout le monde savait que le *Je sers* était le lieu où Jésus travaillait. Une lettre nous est même parvenue avec l'adresse suivante : « Père Arthur, Bateau Jésus, Conflans-Sainte-Honorine. »

À Paris, à Lyon, à Lille, à Agen, à Cachan, à Conflans… c'est sur ces points-là, sur ces pépites lovées dans l'écrin de Son Amour pour nous tous, que Jésus nous attend patiemment. Désormais je le sais et voudrais le faire savoir.

3

Tu as ouvert devant moi un chemin

Je regarde souvent les péniches glisser sur la Seine. Ce n'est pas par mélancolie, mais avec le désir de faire signe aux familles. Dans leur puissante tranquillité, les bateaux, longeant quotidiennement la chapelle *Je sers* arrimée aux quais de Conflans, semblent flotter doucement sur les eaux passives qui répondent par quelques remous et vaguelettes sur le flanc des embarcations. Tout paraît simple et comme aller de soi. Mais en réalité, les bateaux ne se dirigent pas au gré du courant, ils ne se déplacent pas au hasard à la surface de l'eau. Ils suivent un chenal, un parcours pour éviter les rochers, les îles et tous les autres obstacles cachés dans le lit du fleuve. Sans cette précaution, ils s'échoueraient.

Cette vie sur les bateaux me fait penser à Toi, Seigneur. Seigneur, Tu fais suivre à chaque homme un chemin que Tu lui ouvres et sans lequel il se perdrait.

Seigneur, je me pose souvent ces questions : est-ce vraiment Ta volonté que j'ai suivie, moi qui me suis comporté comme une girouette, un touche-à-tout, un bon à rien ? N'ai-je pas cédé à la tentation d'aller partout, au gré du vent, à la tentation de satisfaire des ambitions, cherchant avant tout à plaire, à être dans le goût du jour ? Mais la vraie question demeure la suivante : ai-je vraiment suivi honnêtement le chemin que Tu voulais pour moi ? Ai-je longé mon chenal en allant dans des eaux de plus en plus profondes pour accompagner les déshérités que Tu m'as confiés ? Les pauvres, les sans-papiers, les prostitués, les déracinés… tous ces êtres humains enfin, démunis de tout, sauf de leur richesse intérieure.

Dans les profondeurs que Tu m'as offertes, Seigneur, j'ai trouvé des diamants bruts qu'avec mon expérience et mon amour pour Toi, Tu m'as permis de ciseler en intuitions.

Tu accordes à chaque être humain une chance, un dépôt sacré qu'il lui revient de développer.

Dans l'Évangile de Matthieu (25, 14-30), un homme confie à ses trois serviteurs un certain nombre de talents, somme considérable à l'époque. Ils doivent les faire fructifier proportionnellement à ce qu'ils ont reçu et se tenir prêts pour le retour non programmé du maître. Celui des trois qui n'a pas su donner du fruit est un « mauvais serviteur » et encourt la colère du maître.

En fait, c'est l'histoire de l'humanité qui est racontée dans ce texte : grâce à Tes cadeaux, Seigneur, j'ai pu répondre à des demandes, à des besoins précis exprimés par les personnes que j'ai rencontrées. Grâce aux quelques « talents » dont Tu as bien voulu me gratifier, j'ai pu aider certains à reprendre confiance en eux, à redémarrer après des déceptions, des échecs… à découvrir aussi ce qu'il y avait de beau en eux.

Tu veux aussi, Seigneur, que nous T'appelions à notre aide.

Je me souviens ainsi de cette soirée à Champigny. J'avais été invité à dîner par un couple qui avait un bébé de 2 ans. La maman était gardienne d'immeuble et le papa laveur de vitres. Ils tenaient à me livrer un grand souci. Au cours du repas, ils ouvrirent leur cœur : leur enfant était couvert de boutons et le médecin avait tenté plusieurs traitements sans résultat. Des amis, qui étaient conviés à la soirée, confirmèrent les faits. Puis la mère quitta la table, amena le petit garçon et le cala sur mes genoux : « Faites quelque chose, mon père. » Tout embarrassé avec le petit dans les bras, je me demandais comment me tirer d'affaire. Je ne suis pas médecin et je ne saurais prétendre me substituer à l'un d'eux. Alors, je m'adressai au Seigneur : « Il faut que Tu m'aides, sinon je vais être ridicule et Toi encore plus. » Je fis le signe de croix sur le front de l'enfant qui présentait des rougeurs sur tout le corps et le visage. Puis je m'adressai au père : « Est-ce que tu embrasses ton enfant le matin avant de partir ? Est-ce que tu le serres dans tes bras quand tu rentres le soir ? » J'appris qu'il prenait son service à cinq heures du matin et rentrait chez lui vers vingt-deux heures, car il lavait souvent les vitrines après la fermeture des magasins. Il n'avait pas le temps de s'occuper de son petit garçon. Je lui fis signe de reprendre son fils dans ses bras : « Tu pourras désormais l'embrasser matin et soir sans te soucier de le réveiller et je pense que, dans quelques jours, il se portera mieux. » Et c'est ce qui se passa. L'enfant attirait l'attention de son père par des manifestations cutanées. Encore une fois, Seigneur, je fus le témoin de Ton action dans nos vies ; il avait suffi, simplement, de faire appel à Toi.

Seigneur, tu veux que nous soyons tes complices.

C'est toi qui me confies des jeunes comme Fouad. À 19 ans, après un baccalauréat professionnel qui ne lui ouvrait aucune perspective de travail, Fouad vivait dans un studio loué par une association de jeunes en difficulté. Pour tromper sa solitude, il passait ses journées à regarder la télévision en fumant des joints. Ses éducateurs et son père, à bout de ressources, le conduisirent sur la péniche en espérant que « là, au moins, il pourrait trouver quelque chose pour s'occuper ». Quels étaient les dons cachés de Fouad, les qualités profondes qu'il aurait envie de partager avec les autres, qui lui donneraient la joie d'agir selon son cœur ? Il avait perdu courage : « Qu'est-ce que vous voulez que je fasse avec mon père qui boit, ma mère qui multiplie les aventures et mes sœurs qui sont placées ? » Son avenir était un tunnel dont il ne percevait pas l'issue : « Il faudrait que je repasse un CAP, moi qui dispose d'un bac pro, pour avoir peut-être une chance de trouver du travail ! Quelle galère ! » C'est en dialoguant qu'il prit conscience que son bac pouvait lui permettre d'aider des plus jeunes. « Tope là ! »

Fouad passe le Bafa (brevet d'aptitude à la Fonction d'animateur) et devient animateur de camps d'adolescents. Fouad est heureux car, désormais, sa vie a pris un sens. Un soir, alors que nous bavardions avant l'heure de la prière, il me dit : « Vous savez que le nom d'Allah est écrit dans le lobe de l'oreille ? » Ainsi Fouad, tu prends conscience que Dieu a entendu ta prière. Il a parlé à ton oreille.

D'ailleurs, Fouad n'est pas le seul : il a ainsi pu rencontrer sur le bateau un jeune Géorgien sans papiers, Sergueï, qui est arrivé avec sa mère et sa sœur. Dans quel désarroi ils se trouvaient ! J'ai prié le Seigneur qui m'a dit qu'il y avait bien sûr une solution. Mais laquelle ? J'ai cherché et découvert que Marie, la petite sœur, cachait une infirmité qui, en fait, pouvait devenir une opportunité pour la famille : grâce à elle, la maman pouvait bénéficier d'une carte de séjour pour soins médicaux. Un malheur s'est transformé en une chance inouïe.

Je me souviens aussi de Youri, ce jeune réfugié politique russe. Il errait dans Paris avec sa mère et son neveu, orphelin. Quelqu'un, sans doute Toi, Seigneur, lui a soufflé : « Va à Conflans, sur une péniche. » Il y a rencontré Michèle, une jeune enseignante en électronique qui voulait nous aider pour nous remercier de lui avoir permis de Te connaître. Elle a inscrit Youri dans un lycée pour préparer un brevet élémentaire professionnel électronique. Youri est devenu très vite le meilleur élève de sa classe. Il a pris conscience du trésor que Dieu lui avait confié. Quelques mois plus tard, il est parti pour Lourdes, à vélo, pour rendre grâce au Seigneur et à la Vierge Marie.

Ainsi chacun de nous, comme Fouad, comme Sergueï, comme Youri, a à retrouver ses dons, ce qu'il a de beau en lui. Je livre ces témoignages afin d'encourager chacun à se donner la possibilité de mettre à jour ses talents, son grain de sénevé, cette minuscule graine de moutarde : « La plus petite de toutes les semences, mais, quand elle a poussé, elle est la plus grande des plantes potagères :

elle devient un arbre, si bien que les oiseaux du ciel viennent faire leurs nids dans ses branches » (Matthieu 13, 32). L'épanouissement de ses qualités, leur expression apportent la motivation, l'émulation et aussi la joie et le bonheur de découvrir sa mission.

Ainsi pour Toi, Seigneur, rien n'est jamais fini. Quand on a l'impression d'avoir tout tenté, que tout est foutu, qu'il n'y a plus rien à faire, à espérer, qu'on ne vaut rien, Tu accordes encore une séance de tir au but. J'en veux pour preuve ce qui s'est passé avec Jean, le dernier condamné à mort, qui passait ses jours dans le quartier des isolés parce que sa peine avait été commuée en détention à vie. C'était en 1981. Quand je franchis le seuil de sa cellule, il se tourna vers moi : « Qu'est-ce que vous voulez ? » Je sentais qu'il se méfiait et lui répondis simplement : « Je suis la seule personne à pouvoir venir te rendre visite là où tu es maintenant. » Comme pour mettre des limites à notre entretien, il rétorqua sèchement : « Je ne suis pas chrétien. » Je ne me laissai pas décontenancer par cette remarque qui se voulait sûrement sans réplique : « Cela n'est pas grave, l'important, pour moi, c'est que tu es un être humain et qu'en tant que tel, tu as besoin de relations avec d'autres êtres humains. » Puis je sortis de ma poche le seul livre qu'il était permis d'apporter ici : la Bible. Alors il se crispa et répéta comme pour en finir : « Je vous ai dit que je n'étais pas chrétien. » Pourtant j'insistai : « D'accord, mais je suis là pour partager quelque chose avec toi. » Je sortis l'hostie que j'avais glissée entre deux pages de la Bible. Troublé, il me regarda : « Vous ne pouvez pas me donner ça ! » Je tenais l'hostie entre mes doigts : « Si tu la veux, je peux te la donner ; et si le gardien qui nous surveille dehors s'en aperçoit, il ne pourra pas te reprocher d'avoir pris ce qui, pour moi, est le corps du Christ et ce qui, pour toi, sera le signe que quelqu'un pense encore à toi… » Il ouvrit la bouche et, pour la première fois peut-être de sa vie, reçut le corps du Seigneur. À sa sortie, il y a maintenant plusieurs années, il m'a écrit que, grâce à ses études universitaires poursuivies en prison, il a obtenu un doctorat qui lui a permis d'entrer dans la vie active aussitôt après sa libération. Rien n'était fini pour Jean. Un avenir est toujours possible. C'est vrai pour lui comme pour les autres. Peut-être que cette hostie n'était pas étrangère à cette résurrection.

Jean n'est pas une exception. Pierre, lui, se prostituait depuis plusieurs années lorsque je fis sa connaissance. Il était brisé moralement comme physiquement : « De toute façon, c'est fini pour moi, je suis plombé, j'ai le sida, je ne m'en sortirai pas… » Pour l'aider, je lui dis : « Tu as encore quelque chose à faire. — Mais quoi ? » J'ai prié très fort pour le savoir et je lui ai proposé de se retirer en Bretagne, dans une vieille maison retapée avec les moyens du bord. Il accepta et, loin de sa vie nocturne, dans la nature, il prit du recul et réfléchit. Il lisait des livres de spiritualité et écoutait Radio Notre-Dame. Et il découvrit Jésus. Quelques années plus tard, il mourut comme un saint.

Fredo est arrivé sur la péniche en plein hiver. Il portait un tee-shirt, un jean et des chaussures éculées. Il boitait. Il était très farouche. Mais il savait aimer et être aimé. Il tombait amoureux quinze fois par jour, touchant aussi le cœur de tous ceux qui l'approchaient par la justesse du regard qu'il posait sur les gens. Il percevait une allocation que nous déposions chaque mois sur son livret A. Il mourut environ quatre ans plus tard et ses frères et sœurs héritèrent de son « magot » : lui que tout le monde prenait pour un « bon à rien » s'est révélé le bienfaiteur de sa famille.

Ainsi donc, grâce à la Source vivifiante du Seigneur, il reste toujours quelque chose à espérer : Ta Croix, Jésus, n'a-t-elle pas donné lieu à la Résurrection ?

Jésus est toujours à l'œuvre dans nos vies. Il « travaille » pour nous sans relâche, en faisant concorder les circonstances les unes avec les autres, en assemblant entre elles les pièces du puzzle afin qu'elles s'épousent harmonieusement selon le projet qu'Il a pour nous. J'en ai fait l'expérience dans ma propre vie.

Mon arrivée à la péniche *Je sers* représentait en quelque sorte ma dernière chance. Mes divers tâtonnements, mes interventions dans des milieux difficiles comme la prostitution ou la prison, pas toujours bien perçus par mes supérieurs, nuisaient à ma réputation. Et l'évêque de Pontoise, responsable du secteur de Conflans, se montrait très réfractaire à mon affectation. Celle-ci semblait impossible, malgré le soutien de religieuses et d'amis qui connaissaient mon travail et qui me témoignaient de la confiance. Brusquement, la situation bascula : le bateau *Je sers* passa sous la juridiction de Versailles. L'évêque de Versailles, qui n'avait pas d'*a priori* contre moi, m'autorisa à devenir aumônier des bateliers et de ceux qui se présentaient sur le bateau pour être aidés et pour aider.

Ainsi Marc, que je connaissais depuis ses 14 ans, nous rejoignit sur le bateau après quatre années de prison. Je n'avais pas réussi à lui donner le goût de l'Évangile. Musulman par culture, mais sans réelle conviction religieuse, il venait régulièrement à la péniche chercher un peu de réconfort. Un jour, il fut incarcéré. Alors qu'il passait dans les couloirs de la prison, il vit une porte entrouverte. Curieux, il s'arrêta un instant. Un homme était allongé sur le sol. Il écumait tandis qu'un autre, penché sur lui, essayait de le calmer par des mots et des gestes apaisants. Très ému par la scène qui se déroulait sous ses yeux, Marc demanda des explications au gardien : « Le gars fait une crise d'épilepsie, ce n'est pas grave, ça va passer. » Marc voulut savoir qui était cet homme, de dos, portant des soins attentifs au prisonnier et murmurant des phrases qu'il ne pouvait pas entendre de là où il se situait : « C'est le curé », répondit le gardien avec indifférence. Dès lors, Marc fut pris d'une envie furieuse de rencontrer le prêtre. Il lui écrivit une lettre pour lui demander un entretien, il sollicita le directeur de la prison pour avoir la permission de parler à l'aumônier. Enfin, au bout d'un mois, il rencontra le prêtre dans la pièce même où il avait assisté, impuissant, à ce spectacle si particulier, qui lui avait laissé une impression indélébile. Il avait besoin de comprendre et questionna le prêtre qui, simplement, lui confia : « J'ai prié l'Esprit-Saint de venir sur cet homme malade. » Marc réfléchit : « C'est possible, une chose pareille ? » Pendant qu'il parlait, il fixait la cloison en vis-à-vis : « Mon père, regardez comme il est beau, le visage, là, sur le mur. » Surpris, le prêtre se retourna. Il ne distingua rien, aucune forme, aucune ligne visible. Marc insista : « Moi je le reconnais. D'après ce que j'en sais, c'est le visage de Jésus. » Marc n'avait rien d'un illuminé ni d'un mystique exalté. Il était en pleine possession de ses facultés mentales. Seigneur, Tu lui étais apparu !

Depuis ce moment, la vie de Marc a pris un tout autre sens. Une fois sorti de prison, il a abandonné la drogue, l'alcool et la violence pour devenir, chaque jour, le témoin de Son Amour. Il a maintenant 47 ans et sa fidélité au Christ n'a jamais faibli.

Tous ces exemples sont éloquents parce que extraordinaires. Mais existe-t-il des lieux que Tu ne puisses habiter, des situations où Tu ne puisses rien, Seigneur ?

Je pense aux nombreux divorcés qui veulent refaire leur vie et recevoir le sacrement du mariage. Ils ne conçoivent pas de fonder un couple sans de nouveau T'accorder une place, Seigneur. Ils viennent donc à l'église pour T'offrir leur union et aussi organiser une vraie fête avec leurs proches. Que faire, Seigneur ? Je ne peux alors que me tourner vers Marie : « À Cana, tu as un peu “forcé la main” de ton fils ; aujourd'hui, on va te présenter les alliances et tu seras notre intermédiaire auprès de Jésus. » Ainsi, ce n'est pas un sacrement, mais une prière qui éblouit tout le monde. Pour les invités, « c'est aussi beau qu'un mariage ! ».

Quand nous ne savons plus quoi faire, Seigneur, Tu nous rappelles que Tu as besoin de nous.

Je pense toujours à Jean-François, qui venait me voir pour me parler de sa vie. Il se présentait par ces mots terribles qui traduisaient son désespoir : « Je suis là, mais de toute façon je ne suis qu'une pute. » Il avait peut-être l'impression que son histoire ne valait pas la peine d'être écoutée, qu'elle n'offrait aucun intérêt. En vendant son corps, il avait perdu ses repères et oublié qui il était vraiment. J'ai écouté Jean-François et je lui ai dit : « Tu es un homme », mot magique qui rappelle celui de Pilate dans l'Évangile : « Voici l'homme. » Jean-François abandonna la prostitution le soir même : j'avais osé reprendre ce mot miraculeux qui parlait de Toi, Seigneur.

Grâce à cette audace, j'ai encore pu constater que Tu interviens dans nos vies et que, pour cette fois-ci, Tu avais eu besoin que je sois « Ton instrument ».

Lorsque j'étais aumônier de lycée, je recevais tant et tant d'élèves ! Attentif à leur détresse, je les écoutais des heures durant. C'était le jour, c'était la nuit… jusqu'à l'épuisement. Un soir, à bout de forces, je m'adressai à Jésus : « Seigneur, je n'en peux plus, j'écoute tous ces garçons et toutes ces filles depuis ce matin, je n'ai plus la force de leur répondre ; excuse-moi Seigneur, je vais dormir un peu et Tu parles… Il en va de Ton honneur, il ne faut pas que Tu déçoives ces jeunes... » J'ai fait plusieurs fois cette expérience de m'assoupir et d'entendre, de loin, ma voix prononcer des mots. Je suis certain que, dans ces moments-là, ce n'était pas moi qui parlais.

Dans ma fatigue, dans mon incapacité, c'est Toi, Seigneur, qui mettais dans ma bouche des mots réconfortants qui permettaient à beaucoup de repartir rassérénés. Heureusement que Tu es là, Seigneur, pour donner de la profondeur à ce touche-à-tout que j'étais, pour lui trouver le fil conducteur que j'ai découvert bien tard. Ainsi, toute ma vie prend un sens. Je perçois désormais Ton action, même dans l'obscurité.

Il arrive que Tu places des trous noirs sur notre route, qu'il nous faut enjamber coûte que coûte. Ces trous noirs ne sont pas des pièges tendus pour que l'on s'égare, ils servent à saisir Ta main et à la serrer très fort, comme le ferait un enfant avec la main de sa mère quand il a peur. Ils nous rapprochent de Toi.

Te souviens-tu, Seigneur, quand on me retira des fonctions qui me tenaient à cœur, comme celle d'aumônier de prison ou de prêtre des prostitués, parce que je dérangeais certains, notamment des hommes politiques qui venaient assouvir leurs besoins avec des jeunes garçons de la nuit ? J'ai reçu des menaces, à plusieurs reprises, si bien que je me demandais s'il fallait continuer. Une fois, j'ai dû me faire accompagner par des Corses qui me servaient de gardes du corps. Pas question de « rouler des mécaniques » : le danger était réel. Au travers de ces échecs, les prostitués, les prisonniers découvraient combien, Seigneur, Tu risquais Ta vie, Tu risquais la vie de Tes disciples. Que sont-ils devenus, tous ces êtres qui ont eu besoin de moi, dont j'ai eu aussi tant besoin et qui m'ont aidé à grandir ? Des échecs que Tu as transformés en grâces.

Parmi ces trous noirs, il y eut la place du péché.

D'abord l'orgueil, quand il m'est arrivé de me prendre pour un être extraordinaire par tout ce que mon parcours avait de particulier, parce que certains me vouaient une reconnaissance que je ne méritais pas, n'ayant fait pour eux que ce que je pouvais ou savais, pas plus. La blessure d'amour-propre lorsque que le directeur de prison m'a mis à la porte. La colère due au sentiment d'injustice que j'ai alors éprouvé, avec une envie de révolte difficile à contenir. Le Seigneur a « utilisé » cet homme pour que je puisse aller ailleurs.

Les tentations quand les lycéens m'ont demandé de lire *Sexus* de Henry Miller, un livre troublant tant il est bien écrit et qui allait à l'encontre des valeurs que j'inculquais aux jeunes sur la beauté de la sexualité quand elle est l'expression de l'amour fidèle entre un garçon et une fille. J'ai détruit le livre. J'avais 30 ans, je venais de prononcer mes vœux et j'ai compris à jamais qu'il existait des pièges insidieux dont, grâce à cette anecdote, j'ai pu me méfier.

Puis, il y eut ces eaux profondes, ces grandes épreuves qui m'ont déstabilisé. Quand j'ai accueilli tous les jeunes prostitués pour leur donner le temps de refaire surface, de reprendre confiance en eux et en la vie, certaines personnes m'ont accusé de perversité. Et les rumeurs et autres bruits de comptoir de courir sur mon compte, couvant comme un feu de tourbière pour ressurgir quand on s'y attend le moins. Ainsi ai-je appris un jour que le *Je sers* ne pouvait plus se voir accorder de subventions parce que, parmi les administrateurs, se trouvait un prêtre aux mœurs spéciales… Des courriers de dénonciation, des lettres anonymes pleuvaient : « Défends-moi, Seigneur, c'est pour Toi que j'ai côtoyé le monde de la nuit, du trottoir, pour chercher les petits, les délaissés, les pauvres que Tu aimes et que Tu nous demandes d'aimer. » Je dérangeais la société bien-pensante et bourgeoise composée de ceux qui consomment le vice en cachette, de ceux qui préfèrent ne rien savoir, et de tant de personnes de bonne volonté. Elle voulait se débarrasser de moi. Ces fausses accusations étaient un bon moyen de « me casser » et de me faire disparaître du paysage. Accueillir les sans-papiers présente moins de danger, tout au plus une descente de police. Mais les prostitués, qui ont des vies mystérieuses, intriguent et attisent les curiosités. Ils suscitent des émotions fortes comme le rejet ou la pitié, ou encore toutes sortes de fantasmes et de craintes qui rejaillissent plus ou moins sur ceux qui les aident. Et puis, nous risquons, en œuvrant pour eux, de mettre en jeu des intérêts financiers qui concernent beaucoup de monde. Si douloureuses soient-elles, ces accusations m'ont peut-être permis de mieux saisir que Toi aussi, Seigneur, Tu as été accusé à tort pour de multiples raisons et que, quoi qu'il arrive, c'est le Père qui est le juste juge.

Dans la voie qu'Il trace pour nous, le Seigneur sait placer, au milieu de nos zones d'ombre, des touches de lumière qui prennent divers visages.

L'amitié éclaire notre vie. Elle nous conduit à des situations inattendues. J'ai encore en mémoire ce couple qui m'a invité, il y a deux ans, à Medjugorje, petit village de l'Herzégovine, en ex-Yougoslavie, où la Vierge est apparue à plusieurs reprises, dans les années 1960, à six adolescents. Tout d'abord, j'ai refusé : j'étais très pris à la batellerie et je n'avais pas les moyens de payer ce voyage. De plus, je souffrais terriblement du genou, celui de mon membre valide qui est trop sollicité pour compenser mon infirmité. Ils insistèrent et me téléphonèrent une vingtaine de fois, usant de tous les arguments pour me convaincre de les accompagner : « Tu n'auras pas de dépenses à faire ; un taxi viendra te chercher à l'aéroport et t'évitera toute fatigue... » À cours de prétextes, je dus partir.

À Medjugorje, il fallait traverser le cimetière pour atteindre le lieu de prière. Je m'arrêtai pour me recueillir sur une tombe éclairée de dizaines de bougies, celle du père Slavko Barbaric, franciscain, ardent défenseur de la réalité de ces apparitions. Il dut faire front aux oppositions de l'évêque, monseigneur Zanic. Ce dernier donna trois jours au prêtre pour quitter sa communauté et cesser de guider les groupes de visiteurs. Mais le prêtre continuait à conduire les pèlerins sur le chemin de croix sur la colline de Krisevac. Arrivé sur le lieu des apparitions, il s'écroula foudroyé par une crise cardiaque le 24 septembre 2000, à 15 h 30. Il avait une cinquantaine d'années. Les petites bougies qui brillent sur sa tombe viennent des pèlerins en hommage à son courage et à sa foi. Plus loin se trouvait un Christ en airain, les bras levés au ciel. Des personnes passaient un mouchoir en papier sur son genou d'où sortaient des gouttes d'eau. Lorsque vint mon tour, j'en fis autant pour ne pas me distinguer des autres. Le lendemain, la douleur qui m'empêchait de marcher depuis plusieurs semaines avait complètement disparu. Le Seigneur avait utilisé ma fatigue et ma souffrance pour me faire comprendre qu'Il avait de l'espoir à me proposer.

La prière est l'une des grâces que j'ai reçues du Seigneur. Personnelle ou communautaire, ce chant des psaumes s'élève chaque jour vers Lui, du bateau *Je sers* où règne une atmosphère de recueillement. Dans cette chapelle s'opère cette distillation de toutes nos vies, parfois malmenées, et que le Seigneur transforme en élixir.

Et puis, la richesse du silence, celui que j'ai recherché, celui que Tu m'offres quand je me retire dans la forêt, quand je me rends à Notre-Dame de France, au milieu des champs, quand il n'y a plus personne que Toi, Seigneur, dans un espace où je peux Te parler, où Tu peux me parler, loin de tout ce qui risque de distraire de Ta voix, de Ton message, de la proximité avec Toi.

Enfin, il y a la lumière de la messe que j'aime à célébrer tous les jours et même plusieurs fois par jour toutes les fois que l'occasion se présente. Je comprends difficilement les prêtres qui renoncent à le faire sous prétexte que l'église est vide dans la semaine : « Mais il y a Ta présence, Seigneur ! » Je pense que des forces se perdent, des liens se distendent, des relations avec le Seigneur se réduisent si la messe n'est pas célébrée quotidiennement. Enfin, qui suis-je pour parler ainsi de mes frères prêtres ?

Parmi les soleils qui ont éclairé ma vie, j'évoquerai Lourdes, où j'ai rencontré tant d'hommes et de femmes, malades ou non, qui m'ont permis de mieux concevoir combien le Seigneur était présent dans nos vies, combien Il était le rocher sur lequel nous pouvions nous reposer. Je revois chaque année avec émotion toutes ces personnes entrer dans la grotte pour essuyer le rocher et s'y appuyer, et je sens qu'effectivement, Tu es là. Depuis quatre ans, j'organise un voyage à Lourdes pour les jeunes qui fréquentent le bateau-chapelle. Ils partent à quinze, à bicyclette, et parcourent des étapes de soixante-dix kilomètres par jour afin d'arriver à Lourdes le 11 août. L'année dernière, la télévision les a interviewés parce qu'ils constituaient un groupe un peu curieux, étant tous des camarades de nationalités différentes. La police du sanctuaire s'opposait même à ce que je les accompagne devant la grotte. J'ai remercié Marie d'avoir permis à tous ces jeunes de venir à elle. Certains étaient des garçons sans papiers, mais ils avaient un chapelet autour du cou !

4

J'ai besoin d'un bateau

Ce bateau *Je sers*, Seigneur, c'est Ton bateau. Celui que Tu m'as confié comme nouvelle mission. Mission longue, puisqu'elle a duré dix-sept années. Dix-sept ans de doutes et de certitudes, de tempêtes et d'arcs-en-ciel, de travail, d'enthousiasmes, de peines, de joies...

Ces années m'ont fait oublier les trois ans qui ont suivi mon renvoi de la prison de la Santé. Déçu, soucieux de ce qu'allaient devenir les prisonniers, j'ai essayé de ne plus y penser en me rendant utile autrement.

J'ai contacté le père Talvas, fondateur du Nid. Ce mouvement a été créé pour accueillir et aider des femmes prostituées et pour dénoncer ce « commerce », souvent très toléré, perçu comme le « plus vieux métier du monde » et comme pis-aller à la misère sexuelle. « C'est un esclavage », martèle sans cesse le Nid. J'ai essayé, avec l'accord et l'appui de ma communauté, de visiter la nuit certains « lieux chauds » de Paris. Nous partions à deux ou trois, après le chant des complies. Le lendemain, je reprenais ma vie de religieux classique faite de ménage, de cuisine, de service communautaire.

Mais j'attendais autre chose. Et j'ai rencontré un homme, un prêtre de grande envergure, le père Duvalet. Il a connu l'abbé Pierre. Et il T'a servi, Seigneur, d'une façon admirable.

Touché par les jeunes sans avenir, qui n'avaient pas grand-chose à attendre ni de leur milieu familial ni de leur milieu social, le père Duvalet décida de fonder une association, la Cité de l'Espérance. Mais ses moyens matériels ne lui permettaient pas de réaliser ce vœu. Un jour, il exposa son projet aux fidèles d'une église de Conflans-Sainte-Honorine. Une dame âgée lui répondit aussitôt : elle était pauvre, mais elle acceptait de donner au moins les pierres d'un mur qui se trouvait dans son jardin et qui la gênait. C'était un cadeau modeste, mais symbolique puisqu'il aiderait à bâtir une partie de l'édifice destiné à accueillir les jeunes. Le père Duvalet s'arma de courage. Avec quelques garçons, il partit en camionnette démolir le mur, déjà bien branlant, et charger le véhicule avec les pierres. Au moment où un pan du mur s'effondra sous les coups de masses, le père Duvalet vit rouler un objet dans la poussière et les gravats. Il le ramassa et l'essuya. C'était une petite cassette qui avait été cachée là. Elle contenait plusieurs louis d'or. Le prêtre se précipita chez la propriétaire avec sa trouvaille dans les mains afin de la lui rendre. La dame ne connaissait pas l'existence de ce petit magot. Elle l'offrit au père en ajoutant qu'elle avait donné le mur avec tout ce qu'il contenait. Ce fut le début de La Cité de l'Espérance qu'il a animée pendant de nombreuses années, jusqu'au jour où il lui a été demandé de sauver le *Je sers* qui allait fermer faute d'aumônier. Il y a vécu sept ans dans des conditions difficiles (froid, humidité, solitude...). Il y a médité l'Évangile, et sa façon de parler de Toi, Seigneur, m'a vivement impressionné. Il évoquait les Écritures en termes de vie, il savait trouver les mots qui allaient droit au cœur sans avoir jamais appris les techniques modernes de la communication. Quand il préparait son homélie, le père Duvalet se rendait dans le métro, observait les voyageurs et rédigeait son texte en pensant à eux et de façon à le rendre compréhensible par toutes les personnes qu'il croisait, qui allaient et venaient autour de lui dans les couloirs et sur les quais.

C'est à Lourdes, fatigué par des années de dévouement, que le père Duvalet me demanda de le remplacer sur le bateau-chapelle.

Mon arrivée à Conflans-Sainte-Honorine, « capitale de la batellerie française », fut décidée rapidement. J'étais seul à bord de cette péniche de soixante-dix mètres de long et de neuf mètres de large.

Ma première nuit fut riche en sensations nouvelles : craquements, mouvements (je n'avais jamais, jusque-là, dormi dans une chambre qui bougeait), bruits de bois qui heurtaient la coque… Seigneur, où suis-je monté ? Cette nuit, j'ai pensé à Toi, Seigneur. C'est près d'un bateau que Tu as appelé Tes premiers disciples : Simon qui réparait ses filets, André son frère… et les autres. C'est au bord du lac de Génésareth que Tu aimais Te promener et parler à la foule. C'est sur ce lac déchaîné par la tempête que Tu as manifesté Ta force. Mais bon sang de bon sang ! Ce bateau *Je sers*, Tu le connais, Tu l'habites, Tu en as le souci, Tu veilles sur lui. Tu vas donc veiller sur moi aussi. Joie… Pleurs de joie. Alleluia, je ne suis plus seul, « Tu es avec moi », désormais, que puis-je craindre ?

Je me suis alors retroussé les manches pour habiter utilement ce grand chaland de béton construit à la fin de la Première Guerre mondiale, en 1919, pour le transport du charbon. J'ai découvert que les mariniers allaient et venaient sur les fleuves et les canaux sans trop s'arrêter. Leurs enfants entraient en pension, à terre. Certains restaient sur les bateaux avec leurs parents. Quelle habileté pour charger, pour aider à charger, conduire par tous les temps (gel, brouillard, nuit) ! Quel courage ! Cette situation a touché très fort le père Bellanger, jeune prêtre de Conflans. C'est lui qui acheta la péniche et la transforma en église, à la fois lieu de prière, lieu social, lieu de rencontre. L'évêque de Versailles vint la bénir le 11 novembre 1936. Ainsi, les bateliers, avec leurs enfants, auraient un endroit à eux pour se retrouver, se concerter, s'entraider.

Le trafic fluvial était alors florissant. Le transport des matériaux lourds occupait une population nombreuse. Malheureusement, les pouvoirs publics délaissèrent les canaux et confièrent le transport fluvial aux gros bateaux. Cette évolution ruina les artisans bateliers qui, pour certains, se mirent à vivre chichement en attendant de se reconvertir dans des métiers sédentaires. Dans ce contexte morose, comment redonner de la vie à ce bateau ?

D'abord, il y eut pour moi la solitude, totale. J'avais le temps de rencontrer, de réfléchir. Pour rompre l'épaisseur du silence qui m'enveloppait, je chantais les psaumes. Afin de m'encourager, quand ma voix résonnait dans le vide, je pensais au père Charles de Foucauld qui, dans le désert, fredonnait les psaumes et, pour ne pas s'endormir, passait d'un chœur à l'autre à la manière des moines. Son but : aimer et aider son peuple.

Petit à petit, des jeunes, anciens prostitués pour la plupart, vinrent chanter avec moi. Pierre, Christian, puis Olivier qui nous accompagnait à la guitare. Nos voix s'élevaient dans la chapelle où la joie recommençait à rayonner. Elles attiraient les bateliers qui, progressivement, nous rejoignaient. Je n'ai jamais osé leur dire à quel milieu avaient appartenu mes premiers compagnons.

Malgré la menace du chômage, certains jeunes bateliers ne pouvaient pas imaginer exercer une autre profession. Ils étaient nés sur une péniche, avaient grandi à bord… L'eau était toute leur vie.

Fini le désœuvrement ! L'association La Pierre Blanche, que j'avais créée plusieurs années auparavant, s'engagea dans une tâche si ardue que plus d'un, sans Toi Seigneur, se serait découragé. Nous avons acheté des bateaux, embauché des jeunes qui les remettaient en état pour les aménager en logements. Les bateliers, dont le bateau était hors d'usage, ne mirent pas longtemps à les occuper avec leur famille. Ils s'installaient et vivaient là, n'abandonnant pas leur milieu. S'ils étaient pauvres, du moins ne souffraient-ils pas du déracinement. Deux bateaux, ensuite trois, puis quatre..., enfin une flottille permit de loger ceux qui se trouvaient sans travail, sans toit. Les bateliers en difficulté étant de moins en moins nombreux, c'est toute une population de sans-abris, de sans-papiers qui ont demandé refuge. Tu m'as envoyé, Seigneur, tous Tes « pauvres », Tes « petits » : des handicapés, des sortants de prison, des toxicomanes, des femmes battues, des familles expulsées de leur appartement, des jeunes en rupture familiale ou placés sur le bateau pour les couper de leur environnement le temps de retrouver des repères. Autant de personnes qui ne peuvent pas, pour des raisons diverses, bénéficier des prises en charge de l'État.

Devant ces défaillances administratives et sociales, mes amis et moi avons organisé du soutien scolaire pour les élèves en difficulté, des cours de français pour les étrangers, des démarches pour obtenir des papiers, du travail, des formations : Patrick a pu devenir coureur de marathon, Marcel lutteur… Nous avons pensé aussi à prévenir les soucis de santé avec des médecins bénévoles et des médicaments gratuits ; tout cela sous le regard bienveillant des bateliers, d'autant plus que certains, dans le besoin, en profitaient aussi. Quoi qu'il en soit, les bateliers ont tout vécu, avec compréhension et cœur. Car pour eux, leur prêtre, « c'est sacré », ils lui accordent une confiance entière.

Au cœur de toute cette ruche, Notre-Dame des Eaux a toujours veillé. C'est la maîtresse de la maison. Elle attend que les bateliers viennent la chercher pour partir avec eux sur leurs bateaux. Quand Marie réside au bateau-chapelle, elle en est la protectrice, et saint Joseph avec elle.

Ainsi, sur le bateau, malgré le « chargement » cosmopolite, tout va bien. À nous de vivre avec confiance. La vie s'est donc organisée. Nous avons pu prier, écouter l'Évangile.

« Va à la mer, jette l'hameçon, saisis le premier poisson qui mordra, et ouvre-lui la bouche : tu y trouveras un statère » (Matthieu 17, 27).

Cette phrase n'est pas tombée dans l'oreille d'un sourd. Je T'ai pris au mot et j'ai constaté que, sur le bateau, nous n'avons jamais manqué d'argent. Quand quelqu'un me demandait où nous trouvions nos ressources, je répondais en montrant de la tête le Ciel. Parfois j'ajoutais : « Notre banquier, c'est saint Joseph, lui qui a su s'occuper de Marie et de Jésus. »

Certains jours, préoccupé par les échéances financières, j'étais pris de peur. Il m'est arrivé de recevoir un homme en croyant qu'il s'agissait d'un huissier venu nous saisir. Je l'ai fait attendre. Il s'est finalement présenté comme quelqu'un qui, sachant ce que nous vivions, venait nous apporter un chèque d'un montant considérable.

Alors, une énergie nouvelle nous poussait tous à donner plus de nous-mêmes dans les tâches quotidiennes comme la cuisine, le ménage, la vaisselle, le dialogue, la prière.

La vie s'est déployée de plusieurs façons. Une communauté, Foi et Lumière, est née pour la joie et le bonheur des handicapés. L'Entraide sociale batelière, le Secours catholique, l'Association familiale de la batellerie… autant d'organismes qui se sont ligués pour animer le bateau.

Le bateau est devenu ainsi, petit à petit, un ensemble vivant d'hommes, de femmes, d'enfants de milieux, d'âges et d'origines différentes, des Russes, des Kosovars, des Marocains, des Albanais, des Africains, des Libanais… et de toutes religions, des chrétiens et des musulmans… Tous des exclus qui préparent un nouveau départ dans la vie.

« Aimez-vous les uns les autres comme je vous ai aimés. »

Dans mon petit bureau, planté au milieu de l'ancienne cabine de pilotage, je m'encastrais tous les jours sur ma chaise entre l'ordinateur et l'imprimante d'un côté et la trappe ouverte sur l'escalier en colimaçon qui descend dans la chambre. En face de moi, trois chaises serrées les unes contre les autres et qui ne désemplissaient pas du matin au soir tard après l'office. À l'aube, dès l'ouverture, toutes les misères du monde frappent à la porte. Une maman vient chercher du lait et des couches pour son bébé. Un homme, nouvellement employé, montre fièrement son contrat de travail. Un étranger a besoin qu'on lui lise une lettre administrative. Un couple prend date pour recevoir le sacrement du mariage. Un homme vient d'apprendre qu'il a un cancer et demande le baptême. Un paroissien retient une messe pour un défunt. Une famille sollicite l'hospitalité. Une mère russe arrive avec son fils et sa fille, ils ne comprennent pas quels papiers ils doivent fournir pour régulariser leur situation. Musiciens de métier, ils vivaient à Paris sur une bouche de métro avant que nous leur trouvions un petit studio. Dans quelques jours ils donneront un concert chez les sœurs augustines à Saint-Germain en Laye. Une femme, peu argentée, apporte vingt euros. Ils passeront aussitôt dans la main d'un homme qui vient de perdre son emploi…

Le téléphone sonne sans arrêt. Il faut aussi appeler les différents bénévoles du réseau d'amitié pour répondre aux situations les plus urgentes : les pompiers pour un blessé, une assistante sociale pour des papiers, un enseignant pour une inscription scolaire…

Entre-temps, il faut dépouiller le courrier, établir les chèques pour régler les notes d'électricité, de fioul… mais aussi rédiger les réponses aux courriers administratifs de tous ceux qui ne savent ni lire ni écrire ou qui ne connaissent pas notre langue.

Dans la journée, le bateau est une vaste fourmilière où les bénévoles vont et viennent affairés. Les uns s'occupent du vestiaire. Ils reçoivent les vêtements que l'on nous apporte quotidiennement, les trient, les distribuent et préparent les paquets que nous destinons aux Roms qui campent dans la forêt. Les autres cirent le parquet de la chapelle, dépoussièrent les statues et arrangent les fleurs. Le cuisinier réceptionne le ravitaillement : il a soixante repas à préparer midi et soir. Grâce à la banque alimentaire qui nous donne le surplus des grandes surfaces, chacun mange à sa faim.

Vient l'heure du soutien scolaire. Les enfants arrivent, leur cartable sur le dos, et s'installent dans la salle en face de mon bureau. Certains en poussent la porte pour chercher un baiser et une bénédiction avant de travailler.

Toute la journée c'est un tourbillon incessant, une effervescence qui ne s'arrêterait jamais s'il n'y avait les temps d'oraison à 13 h 45, d'adoration devant le saint sacrement de 17 à 18 heures, les vêpres et l'eucharistie.

Au moment des repas, distribués à heures fixes, l'intellectuel côtoie l'illettré et les inégalités humaines s'éteignent devant Toi, Seigneur. La vaste salle du fond, transformée en réfectoire dès que le couvert est dressé, est un espace de convivialité où l'on exprime ses idées, où l'on livre ses expériences spirituelles, où l'on s'offre des chapelets apportés d'un pèlerinage, où l'on s'échange des prières, où l'on parle de ses coutumes et des recettes de son pays… Chacun est servi avec respect et les plats, présentés avec délicatesse, passent de table en table. Mais le vrai pain quotidien, distribué sans mesure, c'est l'amour.

Pourtant, Seigneur, il y eut aussi des tempêtes. La première année, quelques mois après mon installation, un incendie ravagea la chapelle. C'était le lundi qui précédait Pâques. Les pompiers avaient cassé tous les carreaux pour éteindre les flammes. La fumée avait déposé une couche noire et grasse partout, dans les moindres recoins. Quatre jours de nettoyage au Kärcher, mais aussi de pompage de l'eau. Le bois buvait l'humidité. Pour permettre au parquet de sécher, il fallait laisser les fenêtres ouvertes jour et nuit. Alors, je dormais par terre, au pied de l'autel pour surveiller une éventuelle intrusion nocturne… Grâce à toutes les bonnes volontés réunies, le dimanche, la chapelle était en état pour la célébration pascale et cet épisode créa des liens entre les paroissiens qui s'étaient, d'un même cœur, attelés à la tâche.

Il y a aussi d'autres écueils dont je me dois de parler. Des journalistes sont venus nous interviewer sur toute cette vie. Parfois, ils arrivent sans prévenir avec leur équipe de tournage et s'imposent, prennent des vues du bateau et de ses résidents un peu comme s'il s'agissait de « bêtes curieuses ». Ils cherchent, dans les méandres des passés douloureux ou des histoires atypiques comme celles des anciens prostitués ou des anciens détenus, ou encore dans la misère, de quoi alimenter leurs articles ou les rendre sulfureux. Ces journalistes-là s'intéressent à notre action à des fins politiques ou polémiques et non pas pour informer leur public de l'existence de notre paroisse ni de l'esprit généreux qui l'anime. Heureusement, il y a de bons journalistes qui comprennent de l'intérieur l'aventure du bateau, comme Henri Fesquet et Alain Woodrow.

Toutes ces tempêtes, nous les avons dominées. Ta présence constante sur ce bateau a attiré beaucoup de monde. Pour accueillir à la messe, nous avons déplacé l'autel dans la partie centrale. Cela nous obligeait à tourner les bancs de façon que les fidèles puissent participer à la célébration. Ceux qui ne trouvaient pas de place à l'intérieur s'entassaient à la petite porte de la chapelle, dans la deuxième salle, pour assister tant bien que mal à l'office. L'incendie ayant détruit une partie de la chapelle, j'en profitai pour entreprendre des travaux. Aujourd'hui, le bateau comprend à l'arrière une salle de réunion avec le vestiaire, au centre une salle d'accueil et une exposition d'objets de batellerie, à l'avant la chapelle sous un dôme lumineux en pavé de verre. Une télévision permet à tous de suivre l'office. Car chaque dimanche la chapelle est pleine. Les enfants et les handicapés se placent au premier rang. Ils se rassemblent autour de moi au moment de l'eucharistie. Lors du commentaire de l'Évangile chacun s'exprime, livre son témoignage de foi dans la simplicité et la joie de vivre dans l'amour de Dieu. La chapelle reste ouverte tous les jours de l'année sans exception de 7 heures du matin à 22 heures pour tous ceux qui désirent passer un moment sur Ton bateau, Seigneur.

Seigneur, Tu nous as aussi envoyé des prophètes. Je pense à Fredo qui a eu un rôle d'ancrage important au sein de notre communauté naissante. Comme dans toute famille, les membres ne se ressemblent pas. Le mélange des populations, bateliers, prostitués, sans-abris, créait parfois des tensions. Pour les bateliers, les pionniers, le *Je sers* était un peu à eux. La présence de Fredo, que certains appelaient Bibi, était comme stabilisatrice. Fredo était d'origine batelière. Avant de vivre parmi nous, il traînait sur les quais et mangeait ce qu'il trouvait dans les poubelles, parce que sa mère était morte et que son père avait refait sa vie. Fredo cherchait surtout des pâtes crues, c'est ce qu'il préférait. Quand il s'est installé sur le bateau, il ne l'a jamais plus quitté, sauf pour aller de temps en temps jusqu'au bout du quai, mais il revenait aussitôt comme un petit animal craintif qui, à peine éloigné, retourne précipitamment à son refuge. Un jour, j'ai voulu l'emmener avec moi, mais Fredo s'est mis à pleurer, à crier, à se débattre… Le bateau, c'était toute sa vie. Il y est mort en allant redresser l'antenne de sa télévision qui trônait dans sa chambre. Debout sur les écoutilles, il a glissé et il est tombé à l'eau. Il avait 33 ans, comme Arnaud dont je rapporte l'histoire dans le dernier chapitre, comme Christian… Fredo avait de l'amour plein le cœur et plein les yeux. Il le distribuait constamment et les personnes qui venaient ici, les femmes en particulier, étaient très heureuses de l'affection qu'il leur prodiguait. Il est souvent difficile d'avouer que l'on manque de tendresse, c'est une blessure que l'on cache pudiquement. Fredo y déposait un baume. Fredo vénérait aussi beaucoup la Vierge Marie, maman universelle, maman des enfants au cœur débordant d'émotions et de douceur. Il ne savait ni lire ni écrire et s'exprimait avec de grandes difficultés. Il a pourtant réussi à apprendre le *Je vous salue* et à le réciter. Le Notre-Père ne lui disait rien, à cause, sans doute, de son père qui l'avait abandonné.

Raoul était atteint du sida. D'origine brésilienne, il menait à Paris une vie assez désordonnée. Raoul a passé ses derniers moments avec nous avant de mourir à l'hôpital Bichat. Fredo lui tenait souvent compagnie. Le jour de la mort de Raoul, juste avant de fermer le cercueil pour l'incinération, Fredo, en sanglots, se précipita et déposa sur le corps de Raoul un paquet de Marlboro. La maman de Raoul, que nous avions retrouvée grâce aux frères Assomptionnistes du Brésil, a été bouleversée par ce geste. Elle se reposa quelques jours au bateau et repartit dans son pays, emportant avec elle les cendres de son fils.

Micheline passait ses journées à boire. Comme Fredo, elle était batelière. Je la voyais déambuler, de l'autre côté du quai, traînant son sac de bouteilles. Comment l'aider ? C'est sœur Christine qui s'occupa d'elle.

Quand Micheline entra dans le bureau, une odeur insoutenable envahit la pièce. Sœur Christine lava Micheline, l'habilla avec des vêtements propres, la coiffa… Mais Micheline voulait partager cette transformation avec son compagnon. Alors il fallut chercher Christian, parce que c'est toujours comme cela avec le Seigneur. Le couple vivait dans l'avant d'un bateau. Lorsque sœur Christine, Luc (un étudiant qui a passé un an sur le bateau) et les autres jeunes qui l'accompagnaient soulevèrent le capot, des mouches en sortirent et une odeur pestilentielle se dégagea du lieu. Tout d'abord, ils ne virent rien à cause de l'obscurité profonde de la pièce. Mais ils entendirent des bruits. Un chien complètement pelé surgit. L'homme, au fond, ne bougeait pas, allongé sur un grabat. Ils le prirent sous les bras et le hissèrent dehors. Christian ne pouvait pas avancer. En l'examinant, je m'aperçus que les ongles de ses pieds n'avaient pas été coupés depuis des années. Ils avaient poussé en se recourbant sous la pulpe des orteils et entraient dans la chair. Alors, je m'armai d'une pince et je lui taillai les ongles petit à petit en veillant à ne pas le blesser. Christian, libéré, se mit à remarcher. Micheline et Christian logèrent sur le bateau le temps d'obtenir une place dans un foyer pour personnes âgées. Micheline vient encore parfois nous rendre visite car elle n'a jamais oublié le bateau.

Et puis, d'autres prêtres arrivèrent. Le père Joseph, aumônier international de Foi et Lumière, avait vécu à Manille parmi les pauvres. Il s'est installé dans l'avant du *Je sers*, un endroit sans confort ni fenêtre. Il est resté douze ans avec nous. Désormais, je n'étais plus le seul « fou » !

Le père Jean-François, du Secours catholique de la rue du Bac, à Paris, cherchait un endroit où passer les dernières années de sa vie. Il y a déjà douze ans qu'il est ici.

Seigneur, Tu as mis aussi à la disposition de ce bateau des hommes qui n'aspirent pas à une vie matérielle confortable. Ils ont rejoint l'équipage. Il s'agit de Hugues, qui a d'abord travaillé dans la banque. Ses facultés d'écoute, son discernement lui ont permis de trouver sa place parmi les bateliers. Il s'agit de Nicolas qui, jeune scout et étudiant dans une école de commerce, n'a plus voulu nous quitter. Il a passé deux ans avec nous. Il y a six mois, il a été ordonné prêtre. Nicolas prend aujourd'hui le gouvernail, il est mon successeur.

La présence des bateliers, comme Fredo, Micheline, celle d'autres prêtres, de religieuses, comme sœur Marie-Édith, si bonne et si dévouée, a comme authentifié notre démarche sociale et spirituelle. Alors, un vent de grand large est venu souffler sur le bateau-chapelle. Où allait-il nous mener ?

Un jour, un homme que je ne connaissais pas vint me voir. Stewart à Air France et ami de Christian, pilote de la même compagnie, il voulait affréter un bateau pour le Bangladesh. Son projet était porté, entre autres, par Lola, une amie de longue date. Des jeunes bateliers s'enthousiasmèrent pour cette idée. Yves, c'est son nom, ramena un bateau de Dunkerque et les jeunes solidifièrent sa coque et le remirent en état pour qu'il puisse affronter les mers. Au bout de quelques mois, tout était prêt pour le voyage. Les bateliers, sur le quai, assistèrent au départ, assez inquiets parce que le fond plat de l'embarcation n'était pas conçu pour une telle traversée. Enfin, le bateau accosta au Bangladesh et devint un bateau-hôpital inauguré par Mère Teresa… Une des fiertés des bateliers de Conflans.

Lors des dernières Journées mondiales de la jeunesse en France, l'aumônier du bateau-chapelle de Lyon nous appela : « Que faire avec un bateau qui n'est pas sorti depuis plus de quinze ans ? » Aussitôt, les bateliers se mirent en quête d'un nouveau bateau. Ils l'aménagèrent sur les quais de Conflans, à côté du *Je sers*. Nicolas était là. Dans sa joie, il voulait que ce bateau, *le Lien*, soit inauguré par le pape alors à Paris. Pour la circonstance, on avait prévu un chemin de croix avec sept ou huit stations. *Le Lien* est toujours à Lyon depuis cette époque. Et Nicolas est entré dans les ordres.

J'ai besoin d'un bateau

« C'est votre avantage que je m'en aille » (Jean 16, 7). Quand Tu as prononcé ces mots, Seigneur, Tu savais certainement que Tu allais mourir, que Tu allais être dénoncé, condamné, souffrir et entrer dans la Résurrection, Toi, le fondateur de l'Église. Tu avais 33 ans et Tu as senti qu'il fallait partir pour que l'Esprit soit donné.

Aujourd'hui, après toutes ces années sur le *Je sers*, il me semble que je comprends ce que signifie cette parole d'Évangile. Maintenant, le bateau a un équipage expérimenté avec Hugues et Nicolas. Et j'irai où Tu voudras bien me conduire, Seigneur, avec toujours, dans le cœur, une confiance inébranlable en Toi. Je ne sais pas quel sera mon avenir après plusieurs mois en Turquie. Je vais bientôt, sur cette terre que Ton apôtre bien-aimé connaissait, me replonger dans l'Évangile dont se sont nourris tous les chrétiens. Après, Tu feras de moi ce que Tu voudras.

Je voudrais que ces quelques pages qui contiennent mon modeste témoignage, et que je livre à tous ceux qui doutent, tous ceux qui souffrent, tous ceux qui se posent des questions auxquelles ils ne trouvent pas de réponse, tous ceux qui cherchent sans trop savoir quoi ni comment... fassent comprendre, avec le cœur, l'intelligence et l'âme, qui Tu es. Je voudrais qu'ils s'abandonnent à leur tour à Ton Amour qui pourvoit à tout. Qu'ils en soient persuadés.

5

Jamais homme n'a parlé comme cet homme

Je mâchonne souvent des phrases de l'Évangile. Je les rumine. Elles m'aident à me tenir dans l'espérance : « Jamais homme n'a parlé comme cet homme » (Jean 7, 46). Cette dernière parole, prononcée par un soldat romain chargé d'arrêter Jésus, révèle, par des mots simples, presque candides, la grandeur du Seigneur. Elle a encore toute sa force aujourd'hui. Les siècles ont donné des prophètes, des sages, des savants, des philosophes, des hommes de paix, d'amour... dont la profondeur de pensée a marqué les grands tournants de notre civilisation. Parmi eux il y a saint Antoine, qui attirait des foules dans le désert d'Égypte ; saint Vincent de Paul, qui s'est laissé convertir à l'amour des pauvres – quand je regarde le film *Monsieur Vincent*, j'attends le moment où il prend la place de galérien ; à Don Bosco, capable d'affronter le chef du gouvernement de l'époque (Cavour) et l'évêque de Turin qui avait oublié de lire l'Évangile ; au père Luis Medina, assomptionniste, qui est allé de pays en pays, en Espagne, au Costa Rica, en Colombie, créer des cités pour les enfants des rues… L'Évangile a résonné en eux pour le bien de l'Église et du monde.

Aujourd'hui encore, Seigneur, tes paroles font tinter les oreilles de notre cœur. J'en veux pour preuve la vie du père Joseph Wresinski, de l'abbé Pierre, de sœur Emmanuelle. Cette dernière nous a rendu visite à plusieurs reprises. Quelle joie de la voir s'enflammer en prononçant Tes mots, Jésus ! Au cours d'une messe, elle témoigna de sa foi avec un tel enthousiasme que les fidèles se levèrent pour l'applaudir. Oui, vraiment, aujourd'hui l'Évangile est toujours la bonne nouvelle qui réveille des forces, des envies endormies dans nos cœurs. J'ai en mémoire les pages d'Emmanuel Mounier (philosophe français, 1905-1950) sur l'actualité du message de Jésus. En lisant des lignes de lui, je me souviens m'être levé, subjugué par sa foi.

Qui que nous soyons, Jésus, Tu es avec nous : « Et moi, je suis avec vous tous les jours jusqu'à la fin des temps » (Matthieu 28, 20). Tu m'as accordé la grâce de le savoir et de l'annoncer.

Seigneur, Tu n'abandonnes personne. Je ne peux oublier cette profession de foi qui m'engage tout entier sur tes pas. Et, comme Pierre, je ne saurais où aller si je ne Te suivais pas. Depuis mon enfance, je Te connais, Tu me connais. Et si j'ai traversé des moments d'obscurité, je n'ai jamais changé de direction : le prince des ténèbres aime bien nous faire tourner en rond. Il a essayé en vain.

Je me suis toujours fié à des personnes peu illustres, comme Véronique, qui se trouvait sur le chemin de croix, et dont les Écritures ne parlent pas. Elle est sortie de l'ombre, elle est venue vers Toi et elle a essuyé Ton visage. Je voudrais être son disciple et, comme elle, m'approcher de Toi, essuyer Ton visage, ce visage dont les traits, curieusement, s'imprimeraient sur le tissu. D'ailleurs, cette sainte si humble est vénérée en Bretagne, dans mon village natal, où une chapelle lui est dédiée. J'aime m'y recueillir. Chapelle simple au sol en terre battue, chapelle au milieu des fermes et des champs, chapelle qui veille sur les alentours et rappelle Ton amour.

Le Ciel est dans nos vies. Il suffit d'ouvrir les yeux pour s'en rendre compte. Ta présence, Ton action dans mon existence, je les ai reconnues à de multiples reprises.

Jésus, Tu te souviens peut-être de ce pèlerinage à Lourdes, il y a de cela une vingtaine d'années. J'accompagnais de jeunes sourds, et nous avions construit un chapiteau de fortune pour nous abriter de la pluie et du soleil. Nous étions fatigués, mais fiers de notre ouvrage, car nous étions prêts à recevoir les malades qui ne tarderaient pas à arriver. La nuit, un vent furieux se leva et emporta notre chapiteau. Véritable spectacle de désolation sur la pelouse, face à la grotte où la Vierge était apparue à Bernadette ! Malgré notre panique et notre déception, nous avons réagi. Je pris la décision de redresser notre chapiteau. Un défi fou ! Tout le groupe déploya des forces inimaginables, et « un, deux, trois, ho ! hisse ! », nous avons réussi à redresser le chapiteau. Tu étais sans doute là, Seigneur... Marie nous regardait, heureuse.

Tu as aussi voulu que je reste en liberté pour poursuivre l'œuvre que Tu m'avais confiée. Tous les mois, j'allais voir Marcel qui purgeait une peine de vingt ans à la centrale d'Yzeure, près de Moulins. Je lui apportais du bois pour alimenter un atelier de marqueterie qu'il animait pour trois ou quatre amis prisonniers. Ils réalisaient des tableaux magnifiques (le visage de Marie, le Tien) que je vendais à mon retour. Un après-midi où je lui rendais visite, les gendarmes me convoquèrent dans leur bureau : ils avaient trouvé, dans les colis de portraits que j'emportais, des microfilms reproduisant les plans de la prison ! Je me voyais déjà arrêté. C'était le jour de Notre-Dame du Mont-Carmel. Je me mis à prier intensément. Les gendarmes rédigèrent leur rapport. En conclusion, ils m'interdirent définitivement les visites mensuelles. Je m'en tirais à bon compte. Je crois que Marie et Toi, vous m'avez entendu...

Tu n'as peut-être pas oublié les personnes que Tu m'as envoyées au moment où l'association La Pierre Blanche devait régler des factures importantes de fioul, de gaz ou d'électricité pour pouvoir poursuivre sa vocation, celle d'offrir un asile à ceux qui se trouvent dans la détresse. Certaines d'entre elles faisaient partie des donateurs fidèles. Mais d'autres venaient pour la première fois au bateau *Je sers*, d'autres encore en avaient entendu parler et souhaitaient apporter un soutien financier. Je ne les avais jamais vues avant, mais Toi, Tu les connaissais.

Je ne m'en tiendrai qu'à ces quelques exemples dans ce chapitre. Il arrive, à chacun de nous, des anecdotes semblables à celles-ci. Elles ne laissent jamais indifférent. Les non-croyants les appellent « hasards », mais ils n'en demeurent pas moins troublés. Ceux qui ont la foi y voient la main de Dieu, cela renforce leur ferveur, je suis de ceux-là.

Pourtant, Tu as mis aussi sur ma route, Seigneur, des personnes qui ont essayé de me détourner de Toi. Ainsi, mon oncle a-t-il cru me retenir, m'empêcher de « faire une bêtise » en me dressant la liste de toutes les joies dont je me « privais » si j'allais au bout de ma vocation : « Suivre ce fameux Jésus, ce n'est pas vivre. » Il me plaignait de ne pas « faire la fête », de ne pas aller danser ni faire des repas bien arrosés comme la majorité des jeunes, bref de ne pas m'amuser. Je n'en veux pas à mon oncle. Je pense qu'il était sincèrement triste pour moi car, selon ses valeurs, je « gâchais mes plus belles années ». Le plaisir n'est pas la joie, rire n'est pas forcément le bonheur. Mon oncle ne comprenait pas la plénitude de mon cœur ni la légèreté de mon âme : j'étais heureux d'avoir trouvé la Vie auprès de Toi. Aujourd'hui, il est mort en me léguant un peu d'argent, comme pour se racheter en aidant les pauvres. Seigneur, prends pitié de lui et de son épouse.

Plus subtil était Philo. Nous nommions ainsi un jeune religieux qui avait réussi de brillantes études (mathématiques, biologie, physique, philosophie et théologie...). Intrigué par ma foi si simple, il me demanda : « Comment peux-tu croire ? Moi, je suis apte à écrire un livre sur l'existence de Dieu, comme un autre démontrant tout aussi bien que Dieu n'existe pas. » Philo était comme les sophistes, ces philosophes grecs qui maîtrisaient si bien l'art du discours qu'ils étaient capables de défendre deux thèses opposées avec la même force de conviction. Difficile, avec Philo, de trouver des contre-arguments. Alors, j'adoptai le langage du cœur pour lui faire comprendre l'attachement que j'ai pour Toi. Devenu prêtre malgré ses interrogations, Philo a ensuite quitté le sacerdoce pour exercer la médecine. Vingt ans plus tard, je l'ai retrouvé lors de l'office de la semaine sainte, avec son épouse et leurs enfants. Il m'a confié en substance à la fin de la messe : « En fait, tu as raison. Désormais, je crois. »

Mais Seigneur, parfois, je le reconnais, je suis en panne et ne trouve pas quoi répondre. Ainsi, quand je rencontre un musulman et qu'il me parle de Toi comme d'un prophète, un grand prophète, mais seulement un prophète qui précède Mahomet, je bous, mais je ne sais quoi dire. Pardonne-moi de ne pas savoir lui faire comprendre que Tu as et que Tu es la Parole de Vie.

Enfin, je ne peux résister à la tentation de livrer l'anecdote suivante. J'avais 22 ans et, à cette période, je portais la soutane. C'était le vendredi saint. Je devais quitter Lyon, où je séjournais à cette époque, pour aller voir mon père en Bretagne. En plein hiver, crispé de froid au bord de la route, je faisais du stop en espérant qu'une voiture ne tarderait pas à me remarquer. Soudain, une DS me dépassa. Le chauffeur s'arrêta trois cents mètres plus loin, enclencha la marche arrière : « Je n'allais quand même pas laisser un curé sur le bas-côté ! » L'homme était sympathique. À midi, après plusieurs heures de trajet, il s'arrêta pour déjeuner. Je lui demandai si je pouvais rester dans la voiture pendant ce temps. Il refusa catégoriquement et m'invita au restaurant. Visiblement, il se réjouissait à l'idée de m'offrir un repas. Sans rien me demander, il commanda deux steaks frites. Je n'ai pas osé refuser, de crainte de le décevoir. Ce n'est qu'au dessert qu'il réalisa que c'était jour de jeûne. Il était très gêné. Je le rassurai avec humour en le remerciant : « Ce n'est pas grave, le steak était bon. »

Jésus, Tu as parfois reproché aux pharisiens de se retrancher derrière la stricte observance de la loi et, pour certains, de lui accorder plus d'importance qu'à la foi. Tu nous laisses la pleine liberté de nos actes ; Tu comprends toutes les situations ; Tu discernes nos intentions et je n'ai jamais trouvé quelqu'un de semblable à Toi. Mais comment parler de Toi ?

« Père, Seigneur du ciel et de la terre, je proclame ta louange : ce que tu as caché aux sages et aux savants, tu l'as révélé aux tout-petits » (Luc 10, 21).

Les sages, les savants cherchent à comprendre avec leur intelligence et tous les concepts qu'ils ont appris au cours de leurs études. Cela vaut aussi bien pour les sciences exactes que pour les sciences humaines. Mais j'aimerais leur rappeler que les petits, les pauvres, ont un rôle à jouer pour assurer l'avenir du monde. Ce sont eux que Jésus aimait rencontrer, redresser pour qu'ils aillent redire que la vie est belle à condition de savoir partager, aimer, pardonner, espérer...

Seigneur, on peut parler de Toi de différentes manières. Au début, même si mon cœur était débordant de Toi, je ne savais pas comment m'y prendre. Te souviens-tu de cette messe que je célébrai à la prison de la Santé ? Ce jour-là, je m'embrouillai dans le commentaire des Écritures plus encore que d'habitude. Personne ne prêtait attention à mes propos et tout le monde parlait à son voisin dans un brouhaha sans nom. Soudain, une voix imposa le silence : « Vos gueules ! » C'était François Tortosa, un détenu qui purgeait sa peine pour l'enlèvement d'un banquier. Il prit la Bible : « Je vois, curé, que tu ne sais pas parler du Seigneur, je vais te montrer comment il faut faire. » Il se mit à prêcher et tout le monde l'écouta. Aussitôt l'office terminé, François m'invita à le suivre dans sa cellule. Je lui emboîtai le pas, comme un petit enfant. J'écoutai à mon tour la manière dont François Te donnait chair avec ses mots.

Depuis, un peu comme lui, je Te présente comme quelqu'un qui, tout d'abord, a voulu vivre notre condition d'homme.

Tu n'es pas né dans le faste d'une cour illustre comme Louis XIV ou tout autre enfant de famille royale ; Tu n'as pas vu le jour à Rome, ni à Athènes, ni en Égypte, ni dans aucun des grands empires de ton époque, mais dans un petit pays, la Palestine ; non pas même à Jérusalem, mais dans un modeste village, Nazareth : « Que peut-il sortir de bon d'un tel village ? » Toi, Seigneur, le fils de l'homme…

Tu as tout connu de notre condition, excepté le péché. Malgré les siècles qui nous séparent de l'Antiquité, Tu es proche de nos contemporains. Par exemple, nombreux sont ceux qui grandissent, aujourd'hui, dans des familles recomposées, ou bien alternativement chez leur père ou leur mère. Toi, Seigneur, Tu es le fils de Dieu. Joseph n'était pas Ton père. Cet homme, d'une immense bonté, était celui qui avait choisi de Te protéger, qui avait permis à la Vierge Marie de ne pas être lapidée lorsqu'elle t'accueillit dans ses entrailles : « Réjouis-toi, épouse inépousée », chante l'hymne Achatiste. À ton tour, Tu as épargné à la femme adultère la lapidation. Alors que les scribes et les pharisiens attendaient que Tu te prononces en faveur de sa condamnation, Tu as renvoyé chacun à sa condition de pécheur : « Que celui d'entre vous qui n'a jamais péché lui jette la première pierre. » Puis, Tu t'es adressé à elle : « Femme ! » Et sans reproche, parce que Dieu pardonne, Tu lui as dit : « Va, et désormais ne pèche plus » (Jean 8, 11). Quel spectacle ! Tous ces hommes quittant silencieusement la place, honteux et peut-être revanchards.

Tu as voulu connaître notre souffrance et jamais Tu ne l'as écartée : Tu étais celui qui n'avait pas une pierre où reposer sa tête ; Tu étais celui qui cheminait le long des routes à la rencontre des brebis ; celui qui était fatigué, qui a eu soif et qui a demandé à boire en Samarie, à Sychar, assis au bord du puits, à la femme venue tirer de l'eau. Tu Te fis reconnaître de la Samaritaine – comme Tu Te fais reconnaître aussi de nous, quand nous ouvrons nos yeux ou nos oreilles – en lui adressant ces mots : « Si tu connaissais le don de Dieu et qui est celui qui te dit “Donne-moi à boire”, c'est toi qui aurais demandé et il t'aurait donné de l'eau vive » (Jean 4, 10). Et Tu as fait comprendre à cette femme qu'elle-même avait soif, mais d'une soif que Toi seul peux étancher : « Quiconque boit de cette eau-ci aura encore soif ; mais celui qui boit de l'eau que je lui donnerai n'aura plus jamais soif ; au contraire, l'eau que je lui donnerai deviendra en lui une source jaillissant en vie éternelle. » Elle est partie, en courant et en oubliant sa cruche, jusqu'au village pour crier : « J'ai rencontré la Vie… »

Seigneur, Tu comprends tout, Tu comprends l'histoire de nos vies, la calomnie, car Toi aussi Tu as dû répondre à des accusations imméritées quand le roi Hérode et le gouverneur romain Pilate t'ont demandé ironiquement si Tu étais le roi des Juifs ; Tu comprends la méfiance, le doute parce que beaucoup ont refusé de croire en Toi ; Tu comprends la condamnation, l'injustice, la honte, car Toi aussi Tu as subi l'humiliation lorsque les soldats romains T'ont mis sur la tête la couronne d'épines ; Tu comprends tous les sentiments négatifs, destructeurs, qui entraînent des blessures profondes que Toi seul sais cicatriser.

Tu es quelqu'un qui nous parle, qui est très proche, mais aussi éloigné : Tu es à la fois là et pas là. Tu vas vers le Père : quand Tu étais encore enfant et que Marie et Joseph Te cherchaient partout, Te croyant perdu dans la foule venue à Jérusalem pour fêter la Pâque, Tu étais resté « aux affaires » de Ton Père. Tu es un alliage de proximité et de distance.

Tous parlent de Toi avec leur forme d'intelligence, leur sensibilité, leur expérience, leur culture, des « signes » que Tu leur as faits. Leur bouche souffle Ton Amour, à leur manière, en confidence, à tous ceux qui veulent bien les écouter. Ainsi ce boucher chevalin, à la frontière belge, qui me confia qu'il pensait à Toi en travaillant : quand il préparait la viande, quand il servait ses clients, il méditait Tes paroles. Il affirmait que toutes nos souffrances, toutes nos difficultés pouvaient être distillées pour devenir un merveilleux nectar, comme ces pommes, saines ou pourries, que l'on entasse dans une barrique et qui, en fermentant toutes ensemble, sécrètent une savoureuse boisson. Ainsi Dorothy, mère de trois enfants, qui médite quotidiennement et lit l'Évangile du jour avec infiniment de respect. Dorothy est d'origine indienne. Elle est actuellement catéchiste sur le bateau et elle Te présente comme quelqu'un qui lui a parlé. En effet, certains parlent de Toi avec assez d'aisance et de naturel parce qu'ils Te parlent, tout simplement. Je revois encore cette scène : tout dernièrement, nous venions d'accueillir sur le bateau une maman avec ses trois enfants, son fils aîné qui suivait des études de chinois et deux fillettes, l'une en cinquième et l'autre encore à l'école primaire. Elle vivait depuis environ deux mois dans la rue, passant la journée dans un square avant de se rendre le soir dans un centre d'hébergement. Elle était tout heureuse de se trouver sur le bateau et d'avoir une chambre qu'elle était sûre de retrouver chaque nuit. Au moment du repas, le jour même de leur arrivée, les fillettes avaient disparu. Tout le monde se mit à leur recherche, dans la rue, sur le quai, dans les douches, les chambres, dans le coin lecture… Elles étaient dans la chapelle, avec Toi, Seigneur, et elles Te parlaient et Te remerciaient. C'était Toi qui les accueillais et déjà elles l'avaient compris.

Enfin, avant de quitter ce bateau et de partir pour la Turquie, je suis allé faire une retraite au carmel de Pontoise. Le matin, je devais célébrer la messe. Un tableau représentant la Trinité avec le Père, l'Esprit-Saint sous forme de colombe et un petit enfant conduit par un homme, sans doute Joseph, était accroché au mur de la chapelle. Pendant l'office, j'ai demandé à l'assemblée quel était l'objet le plus significatif de ce lieu. Je m'attendais que l'on me répondît qu'il s'agissait du tableau, pour sa beauté et pour son symbole. Un jeune étudiant, Alexandre, prit la parole : « Ce qui m'émeut le plus ici, c'est le tabernacle. » Ce n'est pas la beauté ni l'orfèvrerie de la petite armoire située sur l'autel qui a suscité son admiration. Non, c'est Toi qui l'as bouleversé, Seigneur, car le tabernacle, tout le monde le sait, contient le ciboire destiné à conserver les hosties consacrées à la communion des fidèles. Alexandre veut parler de Toi à ses parents qui ne croient pas, mais aussi aux autres, parce qu'il T'a rencontré, parce qu'il a croisé sur son chemin des personnes qui avaient Ton Amour au bord des lèvres. Il sait utiliser des mots qui touchent ceux qui l'écoutent parce que c'est Toi qui les as soufflés à son cœur.

6

Viens et suis-moi

Aujourd'hui, les communautés se réduisent, les vocations religieuses et sacerdotales stagnent. Pourtant, je sais que des hommes, des femmes attendent secrètement de consacrer leur vie à Dieu. Je sais que des cœurs brûlants d'amour pour Toi, Seigneur, refoulent les cris qui cherchent à monter vers Toi.

Seigneur, Tu T'es souvent adressé à des hommes incrédules. Mais pourquoi des hommes ? Tes apôtres ne comptaient pas de femmes. Pourtant, Tu ne les excluais pas. Elles étaient nombreuses parmi Tes disciples et acquises à Ta cause. Elles allaient jusqu'au bout de leur mission, jusqu'au Calvaire : elles étaient trois avec Jean. Où se trouvaient les autres hommes au moment de Ta mort ? Au loin, effrayés par la tournure que prenaient les événements, dispersés au cénacle ou à Gethsémani ? Les femmes étaient tout près du tombeau, les premiers témoins de Ta Résurrection. Tu savais qui allait Te livrer. Tu savais aussi que Pierre pleurerait abondamment. Tu lui as pardonné en l'aimant. Tu as repris calmement le chemin des Écritures pour réchauffer leur cœur qui a ressenti tout Ton Amour. Tu pensais déjà, sans doute, à celui qui ne Te connaissait pas et que Tu désarçonnerais sur la route de Damas en lui parlant et en lui révélant Ton nom : « Je SUIS… »

Après avoir transmis Ton message pendant des années, avec amour, mais aussi avec maladresse, j'ai voulu aller plus loin. Grâce à Toi, j'ai osé inviter certains à Te suivre. J'ai eu l'intuition qu'ils y seraient sensibles. J'ai osé plusieurs fois lancer l'appel pour que se prolonge la chaîne de Tes serviteurs.

Pierre est le premier avec qui j'ai eu l'audace d'aborder le sujet de la vocation. Il suivait ses études en prépa au lycée du Parc, à Lyon, où j'avais la responsabilité de l'aumônerie. Pierre priait régulièrement à la chapelle du lycée, à genoux, les bras en croix. À cette époque, je n'ai rien dit. Pierre a tenu à assister à mon ordination sacerdotale. Puis il ne me donna plus aucune nouvelle pendant plusieurs mois, jusqu'à ce jour où il me téléphona. Le soir même, il venait me voir. Après la prière, nous sommes restés ensemble dans le recueillement. Je devinais ce qu'il venait chercher auprès de moi. Alors, j'ai rompu le silence et j'ai osé lui demander s'il voulait devenir prêtre. Il n'a pas répondu. Nous avons lu ensemble les appels de Dieu dans la Bible et découvert que, souvent, la première réaction des prophètes est le déni : « Je ne sais pas parler », dit Moïse. « Je ne suis qu'un bouvier », dit Amos. « Je ne parlerai plus en ton nom », dit Jérémie… Le lendemain matin, Pierre partit en grommelant un refus. Pourtant, à la fin de ses études et après son service militaire, Pierre me rejoignit à Lourdes où je séjournais. Il désirait fonder avec moi une communauté au sein du monde scientifique.

Ce projet se concrétisa en 1972. Chaque soir, en quittant le laboratoire de recherches dans lequel il travaillait, Pierre partageait nos prières et notre vie fraternelle. Au bout de deux ans, il demanda à entrer au noviciat qui commença, pour lui, par un pèlerinage à vélo de la frontière suisse à Jérusalem. Pierre fut le premier religieux que j'aie accompagné. Terrassé par un cancer, il est mort en offrant sa vie. Je me souviens encore des longues conversations qui animaient nos soirées. J'invoque Pierre aux moments difficiles… c'est-à-dire souvent.

Quelques années plus tard, au cours d'un séjour à la cité Saint-Pierre, je rencontrai un groupe de pèlerins venus du Nord et qui cherchaient à se mettre à l'écart de la foule. Parmi eux se trouvait Jean, un garçon d'une vingtaine d'années. Je l'interpellai et, devant toute l'assistance, je lui dis ma certitude qu'il allait devenir prêtre. Jean me regarda et resta muet. Il s'éloigna, fâché, et nos chemins ne se croisèrent plus jusqu'à cette lettre qu'il m'envoya bien plus tard, dans laquelle il me rappelait la scène de la cité Saint-Pierre et m'annonçait son entrée au séminaire. Aujourd'hui, Jean est un prêtre heureux qui sème la Vie autour de lui. Il lance à son tour l'appel et suscite des vocations. Je l'encourage à poursuivre sur cette voie qui lui convient si bien. Je m'en réjouis et j'en rends grâce à Dieu.

Pierre, Jean, Nicolas… et tous les jeunes gens à qui j'ai osé lancé l'appel ont eu à peu près la même réaction : « C'est la première fois qu'on me parle comme cela… » ; « J'attendais… » ; « C'est vrai, j'y pensais, mais je ne savais pas comment le dire… » ; « Je me disais que je n'étais pas digne… » ; « D'autres sont meilleurs que moi… je n'ai pas les qualités requises… » ; « Je ne savais pas à qui en parler… » ; « Les prêtres sont débordés, je ne veux pas les déranger avec mes histoires… »

Il suffit parfois d'un mot, d'un geste d'amour, d'un regard attentif… et d'un peu d'audace pour remuer les âmes désireuses de se donner au Seigneur.

Outre l'intuition, c'est au Seigneur, et à Lui seul, qu'il faut s'adresser pour cette aventure spirituelle. Une fois, par impatience, je ne l'ai pas fait. Voici ce qui s'est passé.

Un jeune a accepté mon invitation sans hésitation. Ce brillant ingénieur se sentait prêt à prononcer ses vœux. Une fois prêtre, il s'est lancé dans un ministère de guérison et d'exorcisme. Au début, je me réjouissais de son rayonnement et des nombreuses assemblées priantes qui l'entouraient et auxquelles j'ai moi-même participé. Progressivement, le ton changea. Les transes commençaient à prendre le pas sur les prières d'exorcisme. Je ressentais un profond malaise devant ces scènes, puis je me suis aperçu que cela devenait une source de profit. J'ai tenté vainement de le dissuader de poursuivre dans cette voie. C'était déjà trop tard : il ne m'a pas écouté.

Avec ce jeune, je voulais que tout aille vite, comme si sa vocation risquait de s'éteindre tel un feu qui s'étouffe. J'avais oublié que le temps du Seigneur n'est pas le nôtre, qu'il est marqué par la prière, l'humilité, le regard des autres, celui de l'Église qui authentifie l'appel. Cette expérience m'a rappelé pour toujours qu'il convient d'agir avec prudence, de s'en remettre au Seigneur, et que Jésus nous a instamment recommandé de prier pour augmenter le nombre des moissonneurs.

Le pire ennemi, c'est l'orgueil, le désir inconscient de dominer. Respecter la liberté de chacun, tel est mon principal souci dans ma démarche. Jésus n'a retenu personne. Je n'ai jamais incité, j'ai tout au plus invité, aidé à prendre conscience d'une vocation encore à l'état embryonnaire ou refoulée pour diverses raisons, mais je n'ai jamais influencé. À ce sujet, je laisse Rui s'exprimer avec les mots que lui dicte son cœur.

« Je suis venu sur le bateau pour le baptême de ma petite nièce. Je n'habite pas Conflans et je dépends d'une autre paroisse que, jusqu'à cette cérémonie, je fréquentais sans grande conviction. J'ai grandi dans la tradition catholique sans trop me poser de questions sur la foi et en assistant à la messe tous les dimanches. Je restais insensible aux homélies et je me demandais ce que je faisais là, à l'église chaque semaine. Puis, j'ai commencé à lire les Évangiles. J'ai alors découvert toute l'importance de la Parole du Seigneur. J'ai réalisé que cette Parole est concrète et qu'elle n'a rien perdu de sa force aujourd'hui, au bout de deux mille ans. La recherche se creusait en moi ainsi que le désir de rencontrer Jésus.

« Lors de la cérémonie de baptême, j'ai été touché par les mots du père Arthur. Leur simplicité, leur accent de vérité, cette pauvreté de cœur et cette humilité dont il faisait preuve m'ont bouleversé et, en prière, au fond de moi, je me suis dit : “Seigneur, merci de m'avoir montré cela.” Je pensais que des moments si éclatants d'authenticité n'existaient plus aujourd'hui. Je vis dans le monde du commerce dans lequel le profit, la performance, l'apparence et la réussite sont les vraies valeurs. J'ai su, en voyant le père Arthur célébrer ce baptême, que j'aimais autre chose, que je recherchais cette simplicité naturelle et authentique qui émanait de lui. Je sentais qu'il vivait ce qu'il disait.

« Après le baptême, alors que je m'apprêtais à quitter le bateau, je me suis retourné pour voir une dernière fois, je le croyais, le père Arthur. Il était encore près de l'autel et m'a fait un petit signe d'amitié. Je suis allé lui serrer la main. À ce moment-là, j'ai senti des larmes couler sur mon visage, des larmes abondantes, libératrices, que je ne parvenais pas à contenir…

« Depuis, je ne vais plus à la messe par habitude, mais pour écouter la Parole du Seigneur. Je me pose la question du sacerdoce et, à 21 ans, je fais une année de propédeutique, une année de discernement pour savoir si c'est bien le Seigneur qui m'appelle. Si le père Arthur a joué un rôle dans ma vocation, c'est parce qu'il est lui. Il n'a jamais exercé, comme mon témoignage sincère le laisse voir, la moindre influence sur moi. Il n'a pas usé de la moindre autorité. Il a été pour moi, sans le savoir, l'agent du Seigneur. »

Rui est entré au séminaire. Paix à lui.

En effet, Seigneur, je ne suis que Ton instrument. Tu places sur ma route ceux que Tu as déjà touchés. Tu transformes leur cœur et Tu me présentes à eux quand ils se posent des questions sur le don de leur vie à Ton amour, Tu Te sers de moi pour parachever Ton œuvre.

Je demande souvent à des amis, à des couples, à des personnes âgées de prier pour que je puisse continuer à appeler des jeunes garçons et filles. Je remarque que ce qui les touche, c'est la vie communautaire, menée au cœur du monde, au nom du Christ.

Appel communautaire… Affaire à suivre, à vivre…

7

Seigneur, souviens-Toi de moi dans Ton Royaume

J'ai toujours pensé que j'allais bientôt mourir. Je m'étais fixé des anniversaires que je ne devais pas dépasser : 18 ans, 21 ans, 30 ans, 33 ans… et j'ai maintenant 68 ans. Je vis chaque jour qui passe comme si c'était le dernier. J'ai toujours l'impression que la mort, ma mort est là, que je suis comme le larron, le bon ou le mauvais, et que je vais paraître devant Ta Face, dans le mystère de la sainte Trinité. Je ne suis pas dépressif. Je me prépare, c'est tout. Mais le jour de ma mort, qui n'est sans doute pas très loin, comment vais-je réagir ? Est-ce que j'aurai peur ? Est-ce que je voudrai repousser ce moment ? Je ne le crois pas. Je pense même que je l'attends tranquillement, cet instant où je paraîtrai devant Toi.

Mais avant de Te retrouver, Seigneur, il faut entrer dans l'automne de la vie, dans cette vieillesse qui nous prend, par petites touches, les derniers chapitres de notre histoire, dans cette vieillesse qui s'attaque à notre corps par nappes s'étirant progressivement comme des taches d'huile. Aborder la vieillesse, c'est comme pénétrer dans une forêt, heureux mélange d'obscurité et de clairières, avec ses sentiers sinueux et sombres et ceux qui s'ouvrent sur le ciel, les oiseaux, les fleurs... Avec ces moments de panique pendant lesquels on se demande où tout cela nous conduit, avec ces moments d'apaisement. La jeunesse n'est pas pour autant une période de paix où l'on chemine en rase campagne, en plein champ ou dans une prairie souriante et ensoleillée. Elle comprend aussi des zones d'ombre. Mais entre la jeunesse et la vieillesse, les proportions ne s'inversent-elles pas ?

Pourquoi, Seigneur, à la porte de la mort, ai-je tellement confiance en Toi ? Comment être effrayé à l'idée de retrouver ceux que j'ai aimés, à l'idée de me sentir délivré des entraves du monde physique, de celles du corps, à l'idée de découvrir la légèreté, la beauté, la vérité… de sentir la chaleur si douce, si bienfaisante de l'Amour de Dieu ?

Seigneur, je compte sur Ta bonté. Tu connais tout de ma vie. Tu donnes la cohérence à tous les événements, toutes les rencontres, qui se sont additionnés, mis bout à bout comme des paragraphes écrits sans transition. Tu sais l'unité des circonstances, des situations de mon existence ; Tu connais la figure du puzzle que Tu as construit pour moi tout au long de ces années et la façon dont les pièces s'épousent entre elles. Tu n'ignores pas mes insuffisances, mon péché, mes erreurs, les jours où je n'ai pas su accueillir, ceux où je n'ai pas su accorder de temps, ceux où j'ai rabroué des personnes qui demandaient asile sur le bateau. Oui, j'ai parfois refusé des personnes, mais pourquoi me suis-je conduit ainsi ?

Savoir dire « non » est beaucoup plus difficile que de dire « oui ». J'ose croire que les refus que j'ai exprimés ont permis aux personnes concernées de redresser la tête et de trouver la solution qui ne dépendait que d'elles. Seigneur, ai-je eu raison ? Tu as sans doute trouvé un autre lieu, une autre personne pour répondre « oui ». Il y a plusieurs demeures dans la maison du Père.

Seigneur, Tu nous reçois dans Tes bras tels que nous sommes. Tu n'es pas un Dieu qui nous surveille et qui essaie de nous prendre en défaut. Combien de fois as-Tu dit : « Va, je ne te condamne pas » aux pécheurs et aux gens « peu recommandables » ?

Tu ne t'attaches pas à une personne en particulier et Tu nous laisses à Tous notre pleine liberté. À cause de notre petitesse et de nos limites humaines, nous en restons un peu étourdis et déconcertés car nous voudrions, dans notre naïveté, que Tu sois notre béquille permanente.

Seigneur, je compte aussi beaucoup sur les amis qui m'ont précédé dans Ton Royaume et qui vivent désormais auprès de Toi. Ils me tiendront lieu d'avocat, je l'espère vraiment, j'en ai besoin.

Je pense à Fredo qui a vécu sur le bateau pendant plusieurs années. Fredo qui passait le plus clair de son temps dans mon bureau. Déjà, de son vivant, il me défendait si l'un de nos « pensionnaires » manquait de correction envers moi. Depuis six ans qu'il est auprès de Toi, il intercède pour moi. Ce jeune batelier protège le bateau. Quelques jours avant sa mort, un médecin de l'hôpital de la Salpétrière, à Paris, avait réalisé le portrait de Fredo. Dès son décès, les amis et moi avons accroché ce dessin à la chapelle, à la place même où Fredo aimait chanter et prier, lui que nous avons « béatifié ». Fredo, quand à mon tour je paraîtrai devant Dieu, dis au Seigneur que tu me connais…

J'évoquerai aussi Arnaud, ce jeune prostitué mort du sida. Je l'avais rencontré dans la rue à l'époque où j'étais chargé de la réinsertion des jeunes gens qui, comme lui, vendaient pour vivre le seul bien qui leur appartînt : leur corps. Quelques mois avant qu'il ne quitte notre monde, Arnaud m'avait fait promettre, lorsqu'il serait mort, d'aller le chercher quel que soit l'endroit où il se trouverait et de le faire inhumer à Conflans. Ainsi, ceux qui l'avaient connu pourraient-ils venir se recueillir sur sa tombe. Je suis allé récupérer le corps d'Arnaud dans les environs de Lyon avec une petite camionnette que l'on m'avait prêtée. À la péniche, c'est Fredo qui a veillé sur lui pendant la nuit qui précédait l'enterrement. Il a déposé toutes ses peluches dans le cercueil parce que, disait-il, Arnaud, c'était son frère. J'avais fait creuser une tombe pour moi au cimetière de Conflans, la commune où je vis depuis si longtemps. Maintenant, c'est Arnaud qui y repose. Je lui rends visite et je prie pour lui : « Arnaud, je sais que tu me protèges du Ciel, comme tu m'as protégé quand j'allais dans le milieu de la prostitution. Je sais que tu veilles sur le bateau où tu aimais venir te ressourcer. Je te remercie d'avoir compris que je t'aimais pour toi-même, en tant qu'âme chérie de Dieu. Tu seras là pour m'accueillir quand je rejoindrai tous les amis qui, avant moi, sont entrés dans leur éternité. »

J'ai une pensée émue pour une autre avocate, sœur Marie-Édith, religieuse de la Providence. Marie-Édith a cru en moi et elle a plaidé en ma faveur pour que je devienne le prêtre des bateliers. Elle a toujours pris ma défense contre toutes les adversités qui se sont dressées sur mon chemin, contre toutes les accusations non fondées dont j'ai été l'objet, tant d'épreuves qu'il a fallu surmonter, tant de blessures que Dieu a cicatrisées parce que je m'en remettais toujours à Lui. Un jour, sœur Marie-Édith est partie d'un cancer. Je l'ai accompagnée tout au long de sa maladie qui l'a progressivement rongée. Je suis certain que Marie-Édith, tout comme Fredo, tout comme Arnaud, apporte encore son soutien et sa bienveillance à ce bateau sur lequel elle a aimé tant de personnes. Elle disait souvent que les défunts n'oublient pas les vivants, qu'ils leur envoient des parfums. Marie-Édith, est-ce que les fragrances des fleurs du printemps viennent un peu de toi ? Ne parle-t-on pas, à juste titre, de l'odeur de sainteté ? De ces senteurs délicates, enivrantes de fleurs inconnues de nous dont la douce exhalaison imprègne certains lieux où Marie est apparue, ou émane de certaines icônes ?

Ce soir, Marie-Édith, dans ma prière qui précède mon sommeil, je me recommande à toi, non seulement pour mon dernier souffle, mais encore pour le temps qui me reste à passer sur terre avant de paraître devant Dieu.

Même si je compte sur la Bonté du Seigneur, même si mes amis qui connaissent déjà la Lumière sont mes avocats, je voudrais avant tout, Seigneur, que Tu réserves une place pour tous ceux qui en ont encore plus besoin que moi, pour tous ceux qui n'ont jamais eu de place dans leur vie sur terre.

Je voudrais que Tu accueilles Fouzy, qui était travesti, Fouzy qui vient encore nous voir sur le bateau, Fouzy qui s'est converti à Toi, Fouzy qui continue à galérer dans sa tête, qui va d'internement en internement, Fouzy qui croit être un saint et même être la réincarnation du Christ… La dernière fois que je l'ai vu, il s'était laissé pousser les cheveux et il portait la barbe pour ressembler à Jésus. Mais son sourire trahissait sa souffrance, car ses dents ont été rongées par la drogue. Seigneur, j'aimerais que Tu le reçoives dans Ton paradis, parce que c'est Toi qu'il a cherché.

Je souhaiterais aussi qu'il y ait au Ciel un endroit pour Marcel, ce prisonnier qui va être libéré dans quelques mois. Marcel a 47 ans, mais il a passé plus de vingt ans en prison. Marcel, qui ne Te connaît pas et qui venait à la messe pour voir des camarades. Marcel qui, la première fois que je l'ai vu, m'a jeté hors de sa cellule et a voulu me précipiter dans le vide. Marcel qui, à force de patience, a changé son regard sur moi et a compris que je n'étais pas un adversaire, mais un ami à qui il pouvait se confier. Marcel a vécu deux années sur le bateau. Quand il était là, il me protégeait de tous ceux qui avaient des intentions malhonnêtes dissimulées derrière des sourires de miel. Il savait démasquer ceux qui s'apprêtaient à quitter le bateau en emportant quelque larcin : « Moi qui suis un grand voleur, je sais qui est voleur. »

J'aimerais aussi qu'il y ait un vaste espace, dans le royaume de Dieu, pour les clochards, les sans domicile fixe que l'on croise dans les rues, la nuit, sous les porches, sous les ponts, dans les abris d'autobus, dans des cabines téléphoniques, sur les embouchures de métro qui exhalent, à travers leurs grilles à même le trottoir, de l'air chaud, dans les recoins où le vent d'hiver épargne un peu de ses morsures les membres engourdis par le froid, sur les bancs publics… Tous ces êtres qui n'ont jamais eu de pot et pour lesquels j'ai eu l'honneur de célébrer plusieurs fois la messe de minuit. Sous le chapiteau dressé par le Secours catholique, quand, sous l'effet d'un repas amélioré et d'un peu d'alcool, leurs joues se teintaient de rose, au moment de la messe, Seigneur, je devinais qu'ils attendaient Ta présence, je sentais qu'ils avaient envie que Tu viennes Te donner à eux sous l'apparence du pain et du vin. Une année, le groupe électrogène est tombé en panne. Les organisateurs, qui ne parvenaient pas à résoudre ce problème technique, ne savaient plus ni que faire ni que dire aux mille personnes venues ce soir-là fêter Noël. Elles commençaient à s'agiter et manifestaient déjà leur déception. Alors, j'ai pris une bougie qui se trouvait sur la table, j'ai revêtu l'aube et, sur le podium central, j'ai entonné *Il est né le divin enfant*. À ce moment-là, le calme s'est établi et tous les clochards qui étaient présents à la veillée ont pris à leur tour une bougie. Nous sommes sortis en procession, à minuit, sur la place d'Italie et dans les rues avoisinantes, heureux de chanter en chœur Ton incarnation parmi nous. Une femme, Lola, regardait avec stupéfaction ce spectacle. Depuis, elle est devenue une amie qui m'a beaucoup aidé. Tous ces oubliés de la société, Seigneur, je suis certain que Toi, Tu penseras à eux au premier instant de leur éternité.

Enfin, Seigneur, lors du jugement ultime, s'il ne reste qu'une seule place et qu'une autre de Tes brebis que moi a besoin de se réchauffer à la douceur de Ta Tendresse, je préfère que Tu la lui donnes ; moi, je pourrai attendre, là où Tu voudras.

Table

Composé par Nord Compo
à Villeneuve-d'Ascq
et achevé d'imprimer en août 2009
sur les presses numériques de l'Imprimerie Maury S.A.S.
Z.I. des Ondes – 12100 Millau

pour le compte des Presses de la Renaissance
11, rue de Grenelle
75007 Paris

Dépôt légal : novembre 2007
N° d'édition : 329 – N° d'impression : H09/43938L
Suite du premier tirage

Imprimé en France